科学巨匠

特斯拉自传

NIKOLA TESLA

【美】尼古拉·特斯拉 著　王磊 译

中国出版集团公司
華文出版社

图书在版编目（CIP）数据

科学巨匠特斯拉自传 /（美）尼古拉·特斯拉著 ；王磊译. -- 北京 ：华文出版社，2018.2 （2019.11 重印）

ISBN 978-7-5075-4846-4

Ⅰ. ①科… Ⅱ. ①尼… ②王… Ⅲ. ①特斯拉（Tesla，Nikola 1856-1943）-自传 Ⅳ. ①K837.126.11

中国版本图书馆CIP数据核字(2018)第002063号

科学巨匠特斯拉自传

作　　者：（美）尼古拉·特斯拉　著　王　磊　译
责任编辑：胡慧华　南　洋
出版发行：华文出版社
社　　址：北京市西城区广外大街 305 号 8 区 2 号楼
邮编编码：100055
网　　址：http：//www.hwcbs.com.cn
电　　话：总 编 室 010-58336239　发行部 010-58336212 58336238
　　　　　责任编辑 010-58336195
经　　销：新华书店
印　　刷：三河市航远印刷有限公司
开　　本：710 × 1000　1/16
印　　张：9.5
字　　数：90 千字
版　　次：2018 年 4 月第 1 版
印　　次：2019 年 11 月第 2 次印刷
标准书号：ISBN 978-7-5075-4846-4
定　　价：28.00 元

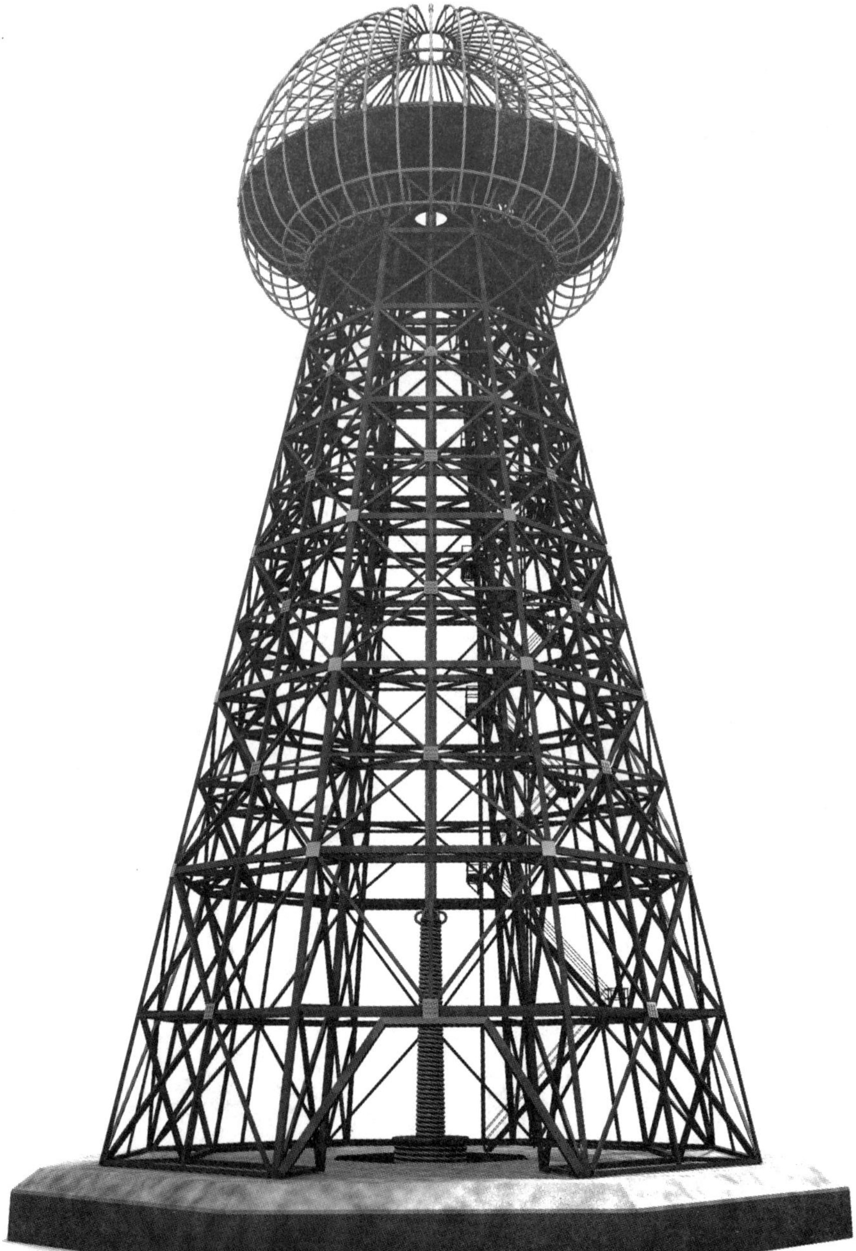

目　录

第一章

我的早年生活

人类的发展、进步在很大程度上取决于发明创造。发明创造是人类思维最重要的产物，其最终目标是：完全彻底地控制物质世界，驯服自然力并使其为人类所用。

——[美]尼古拉·特斯拉

NIKOLA TESLA
INVENTOR

第一章　我的早年生活

人类的发展、进步在很大程度上取决于发明创造。发明创造是人类思维最重要的产物，其最终目标是：完全彻底地控制物质世界，驯服自然力并使其为人类所用。这就是那些经常被误解而又得不到应有尊重的发明者们的艰巨任务。但是发明者们在运用自己能力的过程中，在意识到自己已成为享有特权的阶层中的一员时，就会体验到极大的快乐并得到足够的补偿。如果没有他所属的那个阶层，人类也许早就在与各种恶劣环境作艰苦斗争的过程中灭绝了。

就我自身而言，我一直体验着这种无上的快乐，以至于多年来我的生活中从不缺少持续的狂喜。我有幸被评为工作最努力的人之一，如果思考等同于劳动的话，那么我勉强算是吧，因为我几乎把所有醒着的时间都用在思考上了。但是，如果工作要用一种明确的行为来表现，而这一表现又是在特定的时间内按照一个呆板的规则来进行的话，那么我或许又是个十足的懒汉。在工作压力下的每一次努力都需要牺牲生命活力，所幸我从来没这么做过。相反，我因思考而不断进步。

尽管我很不情愿，但还是不得不在一系列面向青少年读者的《电气实验者》杂志中撰写我的一些真实经历，详细地记述我青少年时代的记忆，以及那些对我的事业产生过影响的环境和事件。

我们幼年时期的行为纯粹出于本能，是受一种幻觉刺激的驱使下而为的。这种幻觉既是形象的，又是难以控制的。随着年龄的增长，我们的推理能力越来越强，思维也变得越来越有系统，行事越来越老于世故。但是那些早期的本能冲动，尽管不会立竿见影，却是最奇妙的东西，因为它们有可能决定我们命运的走向。现在我确信：如果我当初能明白这一点并着重培养而不是压制那些冲动的话，我会为世界贡献出更多的财富。但遗憾的是，我直到成年了才意识到我是个发明者。

这是由许多因素造成的。首先，我有一个天资非凡的哥哥——他的天赋是非常少见的，连生物学研究都没法解释这种智力现象。他的英年早逝让我的父母整天郁郁寡欢。朋友曾赠给我们一匹阿拉伯良种马，它很通人性，集全家人的宠爱于一身，曾在极危险的情形下救过我父亲的命。一个冬天的夜晚，我父亲去执行紧急任务，在翻越山区时受到狼群的袭扰。它受到惊吓落荒而逃，把我父亲狠狠地摔在了地上。它带着血跑回家时已累得筋疲力尽，但是警报响起后又立刻蹿了出去，在搜救队到达之前回到了事发地。我父亲在半路上与搜救队会合时已重新骑上马，完全没意识到自己已经在雪地里躺了好几个小时。我哥哥就是因为骑这匹马而意外受伤，最后不幸离世的。我亲眼目睹了那一悲惨的情景，虽然五十六年过去了，但我仍然记忆犹新。我哥哥实在太优秀了，一想起他所取得的成就，我所有的努力都会显得相形见绌。

我做的任何一件值得称道的事只会让我父母更加深切地感受到哥哥的死对他们造成的损失。我也因为此事从小就缺乏信心。但如果从一件我至今都记忆犹新的事上看的话，我也绝非是个笨小孩。一天，市参议员们正要穿过马路，当时我正和另外几个男孩儿一起在路上玩耍。那些可

特斯拉二十三岁时的照片

敬的人中最年长的一位绅士——一个有钱的公民——停下来给我们每人一枚银币。他在我面前突然停住，命令道："看着我的眼睛！"我盯着他的眼睛，伸手去拿那个很贵重的硬币。让我失望的是，他就在这时说："不，你太聪明了，我什么也不会给你。"非常莫名其妙，我父母过去也经常给人讲述那个与我有关的趣事。

我有两个姨妈，她们都上了年纪，满脸皱纹，其中一位长了两颗像象牙一样突出的牙齿，每次亲我的时候都会陷在我的脸蛋里，所以她们虽然很疼我却不讨我喜欢，而且我最害怕的就是被她们抱。有一次，我母亲抱着我，她们问我她们俩谁更漂亮。我仔细观察了一下后，指着其中一位，一本正经地说："这个不如那个丑。"

我从出生那一刻起，父母就打算让我成为一名神职人员，他们的这一想法一直让我很苦恼。我渴望成为一名工程师，父亲却坚持己见。我的祖父曾经在拿破仑的军队中做军官。当数学教授。父亲当年在祖父的影响下曾接受过军事教育，而不可思议的是他却在神职工作中取得了显赫的成就。父亲是个博学的人，一个真正的自然哲学家、诗人和作家，据说他讲演的布道辞与亚伯拉罕·阿·桑克塔·克拉哈（亚伯拉罕·阿·桑克塔·克拉哈：一位誉满德语世界的布道者，原名约翰·乌尔里希·麦格勒［J. U. Megerle］，1644 年生于德国施瓦本地区的克瑞亥斯特敦［Kreenheinstetten］村，于 1666 年获得神职，开始讲道）的一样充满雄辩。他记忆力惊人，可以熟练地背诵出许多其他语种的长篇著作。他常开玩笑说，如果古希腊、古罗马的文学著作出现残损的话，他就能予以修复。他的写作风格也令人赞赏。他写的句子简洁有力而且充满智慧和讽刺。他富有幽默感的评论总是那么独到而有个性。为了说明这一点，我可以举一两个例子。一个叫“鬓毛”的人长着一双斗鸡眼，在一家农场干活。一天他砍柴时，我的父亲就站在他旁边，一看他挥舞斧头的架势，我父亲就不舒服，然后劝他：“看在上帝的份儿上，鬓毛，不要砍你看见的，去砍你想砍的。”还有一次，父亲驱车带一个朋友外出，他的朋友不小心把昂贵的裘皮大衣缠在车轮里了。父亲提醒道：“把你的外衣拉出去，你快把我的轮胎弄坏了。”他有自言自语的习惯，经常一个人进行生动活泼的对话，就这样一个人纵情于激烈的争论中，还不时地变化说话的语气。不仔细听,你肯定会认为房间里有好几个人在对话。

虽然我必须把我所有的发明创造能力都归功于我的母亲，但父亲对我的训练也有很大的益处。各种各样的训练——揣测他人的想法、发现某些形式或表达的缺陷、复述长句子以及进行心算——旨在提高记忆力和推理能力，特别是提高批判意识，毋庸置疑，这些日常训练都很有用。

我母亲出生于发明世家，也是那个国家里最古老的家族之一。她的父亲和祖父都发明了许多家用的、农用的以及其他用途的工具。她是一名伟大的女性，拥有在其他女性身上罕见的高超的技艺、决绝的勇气和坚定的毅力。她勇敢地面对生活中的各种挑战，度过了许多艰难的岁月。在她十六岁时，一场致命的瘟疫席卷全国。她父亲被人叫去为将死之人做最后的圣礼。当她父亲不在家时，她就独自一人去帮助那些感染上了这种可怕疾病的邻居。在邻居们接二连三地死去之后，她为他们洗澡、换衣服，按照这个国家的习俗用鲜花把他们装扮完毕。等她父亲回来时就惊奇地发现举行一场基督教葬礼的相关事宜都已准备停当。我母亲算得上是一位初级的发明家，而且我相信要不是她远离现代生活以及没有合适平台的话，她早已发明出许多极好的东西。她发明并建造了各种各样的工具以及设备，并用自己纺的线织出了精美的服装。她甚至自己一个人种下种子、培育植物、修理枝杈。从黎明到深夜，我母亲不知疲倦地劳作着。我们家里的服装和各种室内陈设大都出自她手。即使已经六十多岁了，她的一双手还是那么灵巧，眨眼间就能系好三个结。

我后知后觉的另一个更重要原因是，在少年时我经常因眼前出现的画面而感到特别痛苦，而且这种画面还伴随着强烈的闪光。这种闪光不仅破坏了我对物体的正常感知，而且对我的思维和行动造成了很大的干扰。所有这些影像都不是我凭空想象出来的，它们是真实存在的，是我曾经亲眼见过的。当有人对我说出一个词时，那个词所指的事物的影像就会生动地显现在我眼前。有时候分辨它们是不是有形的对于我来说确实十分困难。这令我焦虑不安。我咨询过心理学和生理学的专家，他们都不能对我的症状作出合理而又令人满意的解释。尽管这些症状似乎很少见，但我知道我可能相对更易于显现出这样的症状，因为我死去的哥哥也曾经历了跟我类似的麻烦。我得出的结论是：这些图像是在剧烈的刺激下，从大脑发出的反射活动作用于视网膜后的产物。它们当然不是因为疾病和痛苦而导致的幻觉，因为在其他方面我很正常。为了把我的痛苦说清楚，假设我目睹了葬礼或者其他诸如此类令人伤脑筋的事，那么，这一场景就会在寂静的夜里栩栩如生地出现在我眼前。它是如此顽固，不管我怎么努力都不能把它赶走。有时即使我能用手从它中间穿过去，它也会一直停留在空中，纹丝不动。如果我的解释正确的话，那么把一个人构想出来的任何物体的图像投射在屏幕上，并使其可见是有可能实现的。这样的进步，可以革命性地改变人与人之间的关系。我相信这种设想必将在未来的日子里得以实现。我想补充的是，我已经花了大量的时间来思考解决这一问题的方法。

特斯拉与他的人造白炽灯

为了摆脱这一让人苦恼的画面，我尝试着集中精力去想那些曾经看到过的东西。通过这种方式，我通常都会得到暂时的缓解。但是为了达到这一目的，我又必须不停地想起新的图像。没多久我就发现大脑里的所有图像已经耗光了，或者说，我的“线轴儿”已经用完了。因为我见过的东西很少——只有我家里的物体和周围的环境。为了追逐我幻想中的景象，在我做了两三次这种心理运作后，补救措施也渐渐地失去了效用。然后，我本能地开始了远足，走出了我所知道的那个小小的世界，看到了新的景象。这些景象一开始很模糊很微弱，而且一旦我试图把注意力集中在它们身上，它们就会迅速飞走。但不久后，我就成功地把注意力定位在了那些景象上面，它们也逐渐清晰起来，并且最终呈现出了事物的本来面貌。我很快发现我能获取的最大乐趣就是在我的幻想中越走越远，并不断地从中获得新的影像。因此，我开始旅行——当然是在我的脑海中旅行。每个夜晚（有时也在白天），每当独自一人时，我就会开始我的旅途——观赏新的地区、新的城市、新的乡村——生活在那里，与各种各样的人会面，与形形色色的人做朋友。尽管令人难以置信，但事实上在我看来它们跟现实生活同样宝贵，而且它们和现实生活在表现形式上也不相上下。

我不间断地这么做，直到大约十七岁时我才想要认真地搞发明创造。那时我很高兴地注意到我有种能够使事物在想象中具体化的极好天分。我不需要模具、蓝图，或者试验。我能在脑海中把它们都像实物一样勾画出来。这样我在无意之中演变出了一种使发明概念和观点具体化的方法，这种方法与纯粹的实验方法大相径庭，在我看来，这种方法更加迅速有效。人一旦构造出了一个装置并将它

特斯拉肖像

应用到实践当中来解释某个粗糙的理论，就会发现自身不可避免地把精力都集中在了那一装置的细节和缺陷上。他在不断地改进和重新组装那个装置的过程中注意力会减弱，并且连最基本的原理都会顾不上。虽然最终可能会收获成果，但这是要以牺牲质量为代价的。

我的方法很不同。我不急着去做具体的工作。当我有个新想法时，我会立即在想象中构建模型，改变它的结构，作出各种改进，并在脑海中操作它。不论是在想象中开动我的涡轮还是在车间中测试它，对于我而言都无关紧要。我甚至都能注意到它是不是失去了平衡。在想象中和在现实中的结果都是一样的，没有什么区别。通过这种方式，即便不用碰任何东西，我也能迅速地发展、完善我的理论。在发明过程中，我能想到很多可能的改进，当我能使其中的任何一个改进都具体化，同时能够看到任何一个改进都没有错误时，我就赋予了思维的最终产物具体的形状。我的装置总是按照我预想的那样运行，而且试验结果也像我计划得到的一模一样，二十年来无一例外。为什么会这样呢？工程学、电学、机械力学证明的结果都是明确肯定的。很少有什么问题不能用数学方法解决，也很少有什么问题不能通过计算或者先前可用的理论数据或者实践得出的数据决定其结论。在我看来，像通常所做的那样，把一个粗糙的想法付诸实践除了浪费精力、金钱和时间外，一点儿意义也没有。

然而，我早年的痛苦还有另外的补偿。不断地使用大脑使我的观察力得到了发展，从而让我发现了一个非常重要的事实。我注意到实际场景总是出现在图像之前。而那一实际的场景又存在于奇怪的而且通常都是极其特殊的条件之下。我被这两种情形驱使着去定位那一最初的念头。不久后，这一努力都能自发进行了，然后我获得了一种了不起的技能，它能把事情产生的原因和结果联系起来。让我惊奇的是，我很快就意识到我的每一个想法都源自我对事物外在表现的印象。不单单是这一点，我所有的行动都是在这一类似的方式下进行的。随着时间的推移，我越来越真切地意识到：我只不过是一个被赋予了运动能力的机器人，能对感觉器官的刺激作出回应，能按照相应的指令思考和行动。这些实际成果都是遥控力学的体现，当然到目前为止这项成果的理论还不是很完善。然而，它潜在的可能性最终会得以显现。多年来我一直在设计一种有自我控制能力的机器人，我相信我们能够生产出具有一定推理能力的机械装置，从而在许多商业部门和工业部门引发一次革命。

大约十二岁时我第一次有意地把一幅图像从我的幻觉中成功地赶了出去，但我还是对我先前提到的闪光无能为力。或许那些闪光是我见过的最奇怪最无法解释的东西。它们大都出现在我正处于危险的或是痛苦的情况下，有时也会出现在我极度兴奋之时。在某种情况下，我会看到周围的空气充满了熊熊燃烧的火舌。它们燃烧的剧烈程度有增无减，随着时间的推移不断地增长，似乎是在我二十五岁时达到了顶点。1883 年，我在巴黎时接受了一位著名的法国制造商的邀请去参加射击远征。我已在工厂里待了很长时间了，那里的新鲜空气让我感觉焕然一新。那天夜里回来后我真切地感受到我的大脑像是着火了。我看到一团光，就像是我的大脑里有个小太阳，之后整个夜晚我都在用冷压法按摩我那颗饱受摧残的大脑。最后那些闪光出现的频率和强度也渐渐地降下来了，但是当它们彻底平静下来时已经是三个星期之后的事了。当他们再次邀请我参加射击远征时，我的答复是一个强有力的“不”！

就像我忽然得到一个新想法时一样，这种发光的现象仍然时不时地发生，但是它们已不再像从前那样激烈。一闭上眼，我总是先观察，一个很黑而又带着点儿制服蓝的背景，跟晴朗而没有星星的夜空没啥两样。没过多久，这一区域充满了无数闪烁的绿色雪花，分成好几层向我飘来。然后在右边出现了一个由两组距离很近的平行线组成的图案，这两组图案互成直角，包含了所有种类的色彩，以黄绿色和金色为主打色。紧接着那些线条变得更明亮，所有的一切都洒满了厚厚的闪烁的光点。这一画面缓慢地经过我的视野，大约十秒钟后消失在左边，然后在后边留下了一个令人相当不快的、了无生气的灰色背景，它很快又被波涛汹涌的云海替代，似乎是要形成生动的图形。奇怪的是直到它第二次出现时，我还不能表达出这一灰色的具体形态。在每一次入睡之前，人或物体的图像就会闪现在我眼前。一看到它们我就知道我又要失去知觉了。对于我来说，没有它们的存在就意味着一个不眠之夜。

至于想象力对我的早年生活究竟起到了多大的作用，或许我可以用另外一个离奇的经历来加以说明。像大多数孩子一样，我也喜欢跳跃，而且非常渴望能在空中停留。偶然间一阵大风从山上吹来使我的身体像软木塞一样轻盈，然后我就跳了起来，在空中飘了很长时间。这是一种令人愉快的事情，因此当我缓过神来的时候，我的失落感极其强烈。

那段日子里我染上了许多奇特的习惯，有好的也有不好的。其中的一些习惯，我能找到它们产生的外在原因，而其他的一些则早已无据可考。我特别讨厌女人的耳环，但对诸如手镯之类的其他饰品，我会因其设计的独特而喜欢上它。一看到珍珠我就会大发脾气，可是我会被闪烁的水晶或者棱角分明而表面光滑的物体深深地吸引住。一看到桃子我就会发狂。不管在房间的哪个地方，只要有樟脑球我就会有种强烈的不舒适感。即便到了现在我仍然对这些令人心烦意乱的习惯无可奈何。一把方形的纸片丢到盛满水的盘子里，我口中就会有种奇特而不舒服的味道。我能边走路边数着走了多少步，也能估算出汤盘、咖啡杯子的容量以及食物的大小——不然吃饭就变得索然无味。我所做的事，其重复频率都必须能被三整除，而且一旦搞错了，即便要花费数个小时的时间，我也会强迫自己再做一次。

直到我八岁那年，我的性格依然优柔寡断。我既没有勇气也没有魄力去塑造一种行事果断的个性。我的情感汹涌澎湃，在极端事物之间不停地摇摆。我被一些想法困扰着，如生活中的痛苦、死亡以及宗教上的恐惧等，而且在一股神秘而强烈的力量催动下这些奇怪的想法不断激增。

我被迷信的思想支配着，生活在对邪灵、鬼怪、食人魔和其他一些邪恶怪物的一成不变的畏惧之中。然后，一场突如其来的巨大变化改变了我的整个人生。我酷爱读书。我父亲有一个很大的藏书室，我会抓住一切机会溜进去读书。他不让我进去读书，一旦被他发现他就会暴跳如雷。当他发现我在偷偷地读书时，他还把蜡烛藏了起来。因为他不想让我的视力受到损伤。但是我收集到了牛油，制造了灯芯，把小木条插在锡罐里做成油灯，然后每天晚上撬开房门进去通宵达旦地读书，直到其他人都还在睡梦之中，我的母亲开始了她辛苦的日常劳作。有一次，我无意之中读到一本叫“小奥鲍”（又名“奥鲍之子”）的书，它由著名匈牙利作家杰希卡翻译成塞尔维亚语译本。这本著作在一定程度上唤醒了我沉睡的意志，然后我开始进行自我控制。一开始我的决心就像四月的雪花一样逐渐消失了，但是不久之后我就克服了弱点，然后感觉到一种前所未有的喜悦——恰巧像我原本想要做的那样。随着时间的推移，这一旺盛的智力运用形成了我的另一种性格。开始时，我的愿望不得不受到抑制，但是渐渐地愿望与决心变得一样了。经过多年的训练，我成了自己的主人，如此彻底以至于我都能满怀激情地随意摆弄自己。而那种随意摆弄自己的激情即便对于一些最坚强的人而言也是一场灾难。到了一定的年龄，我对赌博特别狂热，这让我的父母非常担忧。坐下来打扑克赌博对于我而言就是快乐的源泉。我父亲的人生堪称典范，而且他不能容忍这一既浪费时间又浪费金钱的愚蠢行为，我却沉溺其中不能自拔。虽然我有坚定的决心，能很好地控制自己的行为，但是我的人生哲学是错误的。我对父亲说：“我想什么时候停就什么时候停，可是放弃——我宁愿用在天堂里才有的快乐来交换的东西——值得吗？”大多数情形下他会找到发泄愤怒的方式。我母亲却不这样，她深知男人的特点，并且知道一个人的救赎只有通过自己的努力才能获得。我记得一天下午，我在输掉了所有的钱并强烈要求再赌一次时，她拿着一卷账单来找我，说：“你去尽情享受吧。你把我们的钱输光，越快越好。我知道你会挺过来的。”她说得对。我当场改过自新，然后只是后悔我的激情没再强烈一百倍。我不仅克服了赌博那一恶习，还把它从我心灵深处连根拔除，以便不会留下一丝欲望的痕迹。从那以后，我对任何形式的赌博就像剔牙一样没有丝毫兴趣了。

还有一段时期，我过度地吸烟以致对我的健康构成了威胁。于是，我的意志力再次发挥了作用，不仅戒了烟，而且彻底根除了吸烟的倾向。很久之前我就遭受着心脏病的折磨，直到我发现病因与我每天早上都喝的咖啡有关时，立马停止喝咖啡了，才不再受其折磨。坦白地说，那的确不是件容易的事。用这种方式，我检查并约束其他习惯和爱好，不仅保住了性命，而且在大部分人认为是徒劳无益的事情上取得了巨大的收获。

在理工大学完成学业之后，我的精神彻底崩溃了。在病中，我发现了许多奇怪而又难以解释的现象。

第二章
首次发明

一个发明者的努力在本质上说是可以拯救生命的。无论他是在控制自然力方面，还是在改进工具或提供舒适的、便利的新生活方面，都是为了让我们的生活更加安全。

——[美]尼古拉·特斯拉

我应该简短地叙述一下我的一些非凡的经历，或许那些心理学和生理学的研究者会对此感兴趣，而且这一时期的痛苦经历对我思维的发展以及此后的工作产生了深远的影响。首先把它们产生的环境和条件联系起来是必不可少的，因为那些环境和条件先于它们产生，并且能够在一定程度上解释它们产生的原因。

在我还是个孩子的时候，我就被迫把注意力集中在自己身上。这让我很痛苦，但是现在看来这也算是一种不易察觉的恩赐，因为它让我知道了在维持生命正常运行的过程中，反省的价值是无法估量的，这是一种收获。工作的压力以及那些从我们知识的闸门里源源不断地涌进我们

特斯拉在看书，背景是他的线圈模型

意识里的印象流让现代生活变得危机四伏。绝大多数人太过专注于思考外在的世界，以致完全忽略了发生在内心的事。

千百万人过早死亡的主要原因应当归结于这一点。即便是那些办事谨小慎微的人也难免会在规避想象中的和实实在在的危险时，犯下相同的错误。如果某种假设适用于某个人的话，那么也或多或少地适用于他所属的整个民族。以禁酒运动为例：一个意在戒酒的极端的方法（如果这个方法不违反宪法的话）正在全国范围内实施，但是从死亡人数上来看，咖啡、茶、烟草、口香糖，以及其他一些令人在年少时就能沉溺其中的刺激物给整个国家造成的伤害要更大，这是一个不争的事实。当我还是个学生的时候就收集了一些相关数据，发现死于心脏病的人数有时竟能达到死亡总人数的百分之六十七。在对那些过度饮用茶的城市进行调查研究之后，也得出了类似的结果。这些美味的饮料会让人的神经过度兴奋，并逐渐使其筋疲力尽。它们还会严重干扰血液循环，其危害显现得很慢且不易察觉，因此应当严格地节制饮用。另一方面，烟草有益于轻松愉快的思维活动，而且还削弱了取得巨大的独创性成果时所需努力付出的智力强度。咀嚼口香糖虽在短时间内有益，但是它很快就会让腺体系统枯竭，并且使其遭受不可修复的损伤，更不用说在咀嚼它时产生的剧烈的不适应感。少量的饮酒是有益健康的，但过度饮酒对身体是有害的，不论那些酒精是来自威士忌的，还是由胃里的糖分转化来的。不应该忽视的是，这些都是有益于大自然的“清除器”，事实上它们在维护大自然苛刻而又公平的适者生存法则中起到了这样的作用。激进的改革者们应当留意人类有肆意妄为的性格特点，对他们采取“自由放任政策”要比强制地约束他们更可取。

这一真实情况反映的是：在当前的生活条件下，要把我们的工作做到最好，我们需要多种刺激物，同时我们必须保持温和，并在各个方面控制我们的欲望和爱好。多年来，我一直通过这种方式让我的身体和头脑保持着青春活力。我并不怎么喜欢禁欲，但我在当下令人愉快的工作经历中找到了足够的补偿。我只是希望自己能够改变一两条我能想起来的戒律和信仰。

不久前，在一个酷寒的夜晚，我正走在回旅馆的路上，路面湿滑，没有出租车。在我身后半个街区远的地方还有一个人，很明显他也像我一样正在焦急地寻找避身之所。我突然脑子一热腾空而起，整个身体在空中旋转一百八十度，然后腿朝上，双手着地。接着我就像什么也没发生似的继续赶路，然后那个陌生人追上我。

“您多大年纪了？”他小心翼翼地问我。

“噢，大约五十九岁了吧，”我回答说，“怎么了？”

“啊，”他说，“我见过猫那么做过，但还从没见过人能那么做。”

大约一个月之后，我想要定做一副眼镜，我接受了配镜师的例行检查，他满脸疑惑地看着我，因为我能在很远的距离之外轻易地看清楚视力表上最小的那个符号。但当我告诉他我已经快六十岁时，他大吃一惊。朋友们经常说我的套装穿起来像戴手套一样合适，但他们并不知道我所有衣服的尺码都是在三十五年前测出来的。三十五年来我衣服的尺码从没变过，我的体重一磅也没增加，一磅也没减少。

说到这儿，我还有一个有趣的故事要说。1885 年一个冬天的夜晚，我、爱迪生先生、爱迪生照明公司的总裁爱德华·希·约翰逊先生和工程总理巴特切罗先生一起来到了公司所在的第五大街 65 号对面的一个小地方。有人提议相互猜一下体重，我被说服来到秤上。爱迪生从头到脚打量了我一番后说：“特斯拉差一盎司就一百五十二

特斯拉雕塑

磅。”他猜得太准了。脱光衣服后我的体重是一百四十二磅，我现在的体重依然是这个数字。我对约翰逊先生低声说：“爱迪生怎么猜得这么准啊？”“啊，”他压低声音说，“我私下里跟你说，你不要说出去。他曾经在屠宰场工作过，在那儿他每天都要称上千头猪！这就是他能猜得这么准的原因。”我的朋友昌西·M. 迪皮尤阁下向一个英国人讲述了一则关于自己的趣事，但这个英国人一时没听懂，直到一年后他才明白过来是怎么回事，笑得他前俯后仰。我不得不承认其实我比那个英国人花的时间更长，才明白那个笑话到底是怎么回事。

现在，我的身体很健康完全是因为我在生活中很注重保养，而且最让人吃惊的是我年轻时的身体竟是孱弱不堪，甚至连医生都不抱什么希望了。更严重的是，我在整个懵懂无知、无忧无虑的少年时代里经历了各种各样的困难和危险以及令人尴尬的处境。仿佛是受到某种令我着迷之物的引诱，我才得以摆脱它们的纠缠。我曾不止一次溺水，有一次差点儿被活煮了，还有一次险些被火葬了。我曾被冷酷地埋掉、无情地遗弃，也曾被冻个半死。我还曾狼狈地从疯狗、野猪和其他野兽的追赶中落荒而逃，九死一生。我还经历过很多次可怕的疾病，遭遇过各种各样的不幸。今天我能保持身强体壮并精神饱满地生活似乎是个奇迹。但是回想起以前的经历，我相信自己能够存活至今也并非偶然。

一个发明者的努力在本质上说是可以拯救生命的。无论他是在控制自然力方面，还是在改进工具或提供舒适的、便利的新生活方面，都是为了让我们的生活更加安全。发明者比一般人更会保护自己，因为他很机警且足智多谋。如果我不能被当做正面例子来说明这一点，那么我可以在私人的经历中找出几个例子来证明自己也具有这些能力。读者可以根据我举出的例子来评价我的能力。大约十四岁时，有一次我想吓唬一下跟我一起在河边游泳的伙伴。我原本想从一个很长的漂浮物下潜过去，从另一边出来。游泳和潜水对于我来说就像鸭子天生就会游泳一样，可谓易如反掌，而且我也很自信可以完成这一壮举。我照原计划纵身跳入水中，转身快速向对面游去。考虑到我可能已经安全地潜过了漂浮物，我便浮出水面，可万万没想到我竟一头撞到了横梁上。第二次浮出水面时，我再次撞在了横梁上。这时候我开始绝望了。接着我又铆足了劲儿作第三次慌乱的尝试，结果跟前两次一样都是徒劳的。因憋气时间太长而受到的折磨让我无法忍受，我开始头晕目眩，感觉身体正向水底下沉。我的处境令人十分绝望，就在那时，我脑海中又闪现出了前文中提到过的那种闪光，而且眼前出现了漂浮物的图像。我凭直觉感觉到在水面和漂浮物之间可能有空隙。在快失去意识之前我迅速浮出水面，把嘴贴到木板上，试着吸气，不幸的是吸气的同时还混杂着吸进了一点儿水，差点儿没把我给呛死。就这样仿佛是在梦中似的，我不断地重复着这一过程，直到我那颗心率快得可怕的心脏恢复了正常的跳动，自己也渐渐地冷静了下来。之后我又潜了好几次水，不但没有成功逃生，反而彻底失去了方向感。不过最终我还是成功地从中逃脱了出来。这时我的伙伴们早已放弃搜救我，转而开始打捞我的尸体了。

那个泳季因为我的鲁莽而白白毁掉了，但我很快就忘掉了那一次的教训。这让我仅仅在两年后，又再次陷入了更糟糕的险境。那时在我就读的城市附近有一条河，一座大坝横跨其间，在大坝上还建有一个很大的磨粉机。通常情况下，水面只比大坝高二至三英寸，在那里游泳不是很危险，我以前经常在那里游泳取乐。一天我独自一人像往常一样到河里游泳，在距离大坝很近时，我才惊恐地发现水面上涨了，湍流正卷着我迅速涌动。我尝试着逃脱但已经太晚了。不过幸运的是我用手抓住了大坝,没有被冲走。我的胸部受到了很大的压力，勉强才能让头部露出水面。四周一个人也没有，而且我求救的声音也被瀑布的轰鸣声吞噬了。我的体力逐渐耗尽，再也承受不住这种压力了。就在我觉得自己即将被水从大坝上冲下去，猛地跌到下面的岩石上时，那道闪光再次出现了。我想起了那条水压定理：在流体中物体表面所受的压力与其受力面积成正比。于是我无意识地转动身体朝向左侧。我受到的压力像变魔术似的一下子减小了，而且我发现以那个姿势对抗水流的冲击会相对容易一些。但是危险依然存在。我知道我迟早会被冲走，因为即便我能引起别人的注意，也不能及时得到任何形式的帮助。我此时还算灵巧，但我是个左撇子，右手力气比较小。基于这个原因，我不敢转动身子朝向另一边以便休息一下，只能任由河水推着我缓慢地沿着大坝移动。我脸朝着那个磨粉机，而我不得不离它远点儿，因为那里的水流更快、更深。那是一个既漫长又痛苦的过程，看到那个大坝我就异常沮丧，最后关头我差点儿就被水冲走了。我用尽身上的最后一点儿力气翻身上岸，一头昏了过去。我左半身的皮肤差不多都被划破了，好几个星期之后才退烧并康复过来。虽然这只是很多例子中的两个，却足以证明:如果我不具备发明家的潜质，就不能活到现在，然后在这里诉说我的个人经历了。

有些对我感兴趣的人经常问我是在什么时候在怎样的情况下,开始进行发明的。鉴于我的第一次尝试相当草率，对那些问题我只能根据现有的记忆回答，毕竟它涉及一种新装置和新方法的发明。前者已经被别人抢先发明了，而后者则是我独创的发明。事情的经过是这样的：我的一个玩伴得到了一套垂钓用具，这在小镇居民中引起了很大的轰动。第二天上午所有人都去钓青蛙了，唯独我没去，因为我和那个男孩吵过一架。我从没见过真正的鱼钩，所以我猜测它应该是某种奇妙的、拥有特殊性能的东西。我因没能参加这场聚会而感到沮丧。在这种情绪的驱使下，我设法弄到一根软铁丝，然后用两块石头把它的末端打尖，再把它弯成鱼钩，系上一根结实的绳子。最后我弄了一根长杆，收集了些鱼饵，来到青蛙密布的小溪边。可是我一只青蛙也没有钓到。我看到一只青蛙趴在树桩上，就把鱼钩放在它面前,而它却怎么也不咬钩,我几乎都要崩溃了。开始时它尝试了很多次都没法咬住鱼钩，接着它的眼睛鼓起，充满血丝，身体变成原来的两倍大，一口咬住了鱼钩。

我立刻把它拉了上来。我一次又一次地重复这一过程，这种方法可谓屡试不爽。那些虽然装备齐全却一只青蛙也没捉到的小伙伴们回来看到我的收获后嫉妒得眼睛都红了。在很长一段时间里我一直保留着这一绝技,独自享用。不过最后还是屈从了基督精神，说出了这一秘密。随后每个人都知道了这个方法，第二年夏天，小镇的青蛙遭遇了一场空前的劫难。

特斯拉在实验室中

在接下来的努力中，我似乎是在本能的冲动之下做事——利用自然的力量，为人类造福。我以五月虫为工具来做这件事。五月虫在美国又叫做六月虫，它们广泛分布在美国的各个地区，有时候它们群集在一起的重量甚至能够把树枝压断，灌木丛上也会黑压压地爬满了这种虫子。有时我会把四只这样的虫子绑在一根横木上，然后再放在一根细转杆上使其能够转动。最后再设法让它带动一个大圆盘同步转动，这样就可以产生相当多的“动力”了。这些虫子的工作效率非凡，因为它们一旦开动起来，就没有停下来的意思，而且天气越热，它们工作就越努力，所以大圆盘在它们的带动下，持续转动几个小时都不会停下来。直到一个奇怪的男孩到来之前，一切都进行得很好。他是一位奥地利退伍军官的孩子。这个顽童竟然生吞了这些虫子，甚至把它们当成了世界上最美味的蓝点牡蛎来吃。这一令人作呕的景象，结束了我的这种尝试，从此之后我再也没有碰过五月虫或者任何一种昆虫。

我相信，正是在这件事情之后，我才着手拆卸和组装我祖父的钟表。我很擅长拆卸钟表，却不能把它们再组装起来。结果祖父黑着脸，粗鲁地制止了我的这种行为。我再次接触钟表的发条已是三十年后的事了。不久之后我又开始制造玩具气枪，这种气枪由一个空心管子、一个活塞和两个纤维塞子构成。当开枪时，活塞压迫枪膛，然后双手迅速把空心管推回。两个纤维塞子之间的空气被压缩，温度升高，其中一个塞子就会“砰”的一声被喷射出去。这门技艺的要旨在于从空心的柄状物中选择合适的管子。虽然那把枪做得很好，但是让我很失望的是这一充满活力的行动打碎了我家房子的玻璃。如果我没记错的话，随后我又转向雕刻木质宝剑了，而材料就直接来自我家里那些容易拆卸的家具。那时，我一直沉醉于塞尔维亚民族的诗歌，并且对诗歌里的英雄们的丰功伟业深感钦佩。我甚至把地里的秸秆当成敌人，而我的任务就是把它们全部打倒。就这样我毁坏了许多庄稼，为此我没少挨揍。这些事情虽然都难登大雅之堂，但都是真实的事。

特斯拉在实验室中

在六岁之前，我一直都是这样过来的，而且还在出生地斯米连念了一年小学。就是在那时，我们家搬到附近的小城戈斯皮奇。不过这次搬家对于我来说简直是一场灾难。和我挚爱的鸽子、小鸡、绵羊还有那群优雅的大雁分离让我心碎。那些大雁，它们总是在清晨时飞向云霄，到日落时又会从觅食地排成战斗队形返回。它们的队列是如此整齐以至于连当今最优秀的飞行中队在它们面前都会感到汗颜。我就像一个犯人似的待在家里，透过百叶窗看着外面来来往往的陌生人。我是如此腼腆，宁愿面对一头咆哮的狮子，也不愿意面对一个到处闲逛的城里人。但是我最讨厌的一天还是到来了，星期天我不得不打扮好去做礼拜。那天我又遇到了一件意外的事，这件事让我在随后的几年里一想起来就觉得毛骨悚然。这是我在教堂里的第二次异乎寻常的经历。不久前，我在一座破旧的小教堂里，被困了整整一夜，而那个小教堂又坐落在一座每年只允许游客游览一次的深山里。那是一次恐怖的经历，不过还有一次更恐怖。镇上有个富家小姐，她心肠很好但为人很傲慢，每次到教堂她总是盛装打扮，她的裙子裙摆很长，带着好几个随从人员。一个星期天，我刚在钟楼里敲完钟，就冲下楼梯。当时那位高贵的小姐正往楼上走，我刚好踩在了她的裙摆上。衣服的撕裂声听起来像是未经训练的新兵一起开枪的声音。我父亲顿时脸色铁青，勃然大怒。他在我脸上轻轻地扇了一巴掌，这是父亲对我的唯一一次体罚，但是我现在仿佛仍然能感受得到。这一尴尬的场面和随之而来的骚乱是难以描述的。我简直要被周围的人排斥在外了，直到我做了另外一些挽回颜面的事情后，才再次赢得他们的认可和好评。

一位很有事业心的年轻商人组建了一支消防队。他们购买了新型消防车，并且配备了消防服，这支经过训练的队伍为公共机构和游行提供消防保障。那辆消防车被涂上红色和黑色的油漆，看上去非常漂亮，但是它实际上是一台由十六个人操作的水泵。一天下午，正式启用这台消防车的准备事宜都做好了，而且它也被开到了河边。整个小镇的人都来见证这一壮观的场面。当所有的讲话和庆祝仪式都结束之后，抽水的命令传达了下来，可是喷嘴里边没流出一滴水来。所有的教授和专家们都不知道问题出在什么地方。当我到达那里时，情况还是没有一点儿好转。我对机械装置一窍不通，也不懂什么是空气压力，我本能地感觉到可能是水下的抽水管出了毛病。当我涉水过去并打开抽水管时，喷嘴马上就喷出了水来，接着许多人的节日礼服都被淋湿了。我被人们扛在肩上，成了那天的大英雄。

即便是阿基米德（阿基米德［Archimedes，前287—前212］：古希腊传奇的数学家和发明家。最主要的发明和贡献是阿基米德螺旋泵［汲水的巧妙装置］和阿基米德原理［流体静力学原理］。他主要的兴趣是在光学、机械、纯粹数学和天文学方面。阿基米德的数学验证显示了其大胆假设和精确程度达到了现代几何学的最高水平。他的 π 近似值一直到中世纪以后才有更进一步的发展，他的翻译作品对9世纪的阿拉伯数学家和16—17世纪欧洲的数学家产生了重大影响）光着身子在锡拉库扎（意大利西西里岛东部一港市）的大街上一边奔跑一边高声呼喊“找到了”的场景给我的印象都不如那天深刻。

在戈斯皮奇定居之后，我在一家所谓的“师范学校”里开始了为期四年的学习，为能到大学或者实科中学里继续深造做好准备。在这段时间里，我充满孩子气的各种尝试、历险、麻烦都接踵而来。除此之外，我在村子里还得到了捕鸦能手这一殊荣。我的方法十分简单。首先我来到树林里，躲在灌木丛中，然后模仿乌鸦的叫声。通常我都会得到好几声回应，然后不一会儿就有乌鸦落到我身边的灌木丛里。之后我要做的就是，扔出一块厚纸板来分散它的注意力，在它还没有从树林中逃走时，我就迅速跳起来，一把把它抓住。用这种方法我想抓多少只乌鸦就能抓到多少只。但是后来发生了一件事，让我开始对它们产生了几分敬畏之心。一天我抓到一对乌鸦，正要跟一个朋友一起回家，我们刚离开树林，数以千计的乌鸦聚集在一起，发出可怕的叫声。几分钟之后，它们开始追击我们，很快就把我们包围了。这件有趣的事直到我的后脑受到足以把我撞倒在地的重击后才结束。接着它们开始狠狠地攻击我。被逼无奈，我不得不放掉先前抓到的那两只乌鸦，然后跑到那个可以作为避难所的山洞里和我那位早已躲在里边的朋友会合。

在教室里有几个让我很感兴趣的机械模型，它们把我的注意力转移到了水力涡轮上。在后来我构造了好几个涡轮机，并从中获得了极大的乐趣。用一件小事就能说明我的生活是多么非凡。我的叔叔对这种消磨时光的方式很不以为然，为此还曾不止一次地训斥我。从一本书中看到的

特斯拉能量转换器

尼亚加拉大瀑布让我有了无限的遐想，我还在脑海中想象出了一个可以在瀑布的推动下转动的大轮子。我告诉叔叔将来我一定要到美国实施这个计划。三十年后，我的计划在尼亚加拉大瀑布那里得以实现，之后我就对这种深不可测的心灵的奥秘惊叹不已。

我还制造出了各种各样的奇妙装置，劲弩是其中最好的一个。用它发射出去的箭能飞出视线之外，近距离发射时它连一英尺厚的松木板都能穿透。因为我总是用腹部顶着劲弩开弓放箭，腹部的皮肤竟然长得跟鳄鱼的肚皮那么相像了。我常常想，也许正是由于这种训练才使我现在甚至连鹅卵石都能消化了。有这样的劲弩却不声张可不是我的性格，因为这种劲弩能让我在竞技场上作一次令人惊叹的演示。现在我要讲一个我曾经的壮举，这一壮举甚至比劲弩所取得的“辉煌业绩”更令我骄傲，虽然这会让读者觉得我是在信口开河。有一次,我在河边一边和叔叔散步，一边练习开弓放箭。夕阳就要落下去了，河里的鲑鱼欢畅地嬉戏着，而且时不时地跃出水面，在远处一块突出的岩石的衬托下，它们的身子闪闪发光。当然，在这么好的条件下，每个男孩都想去击打那些鱼。但我要做的是一件难度更大的事，我把要做的事预先告诉了叔叔：我会扔出一块石头，在鱼受到惊吓跃出水面时用弓弩把鱼打到远处的岩石上，把它击成两半。话没说完我就那么做了。叔叔吓得魂不附体地看着我，口中喊道“我的妈呀”，好几天后他才跟我说话。我做过的其他事情尽管都很了不起，但与我刚刚说的这件事比起来就要相形见绌了。不过我觉得从那以后我再也不会杀生了。

第三章

之后的努力

在我偶然发现的大自然的一千个奥秘中，出乎意料的是，我唯独对旋转磁场这一奥秘的发现情有独钟，并且为了得到它我愿意付出生命的代价。

——[美] 尼古拉 · 特斯拉

旋转磁场的发现：

我在十岁时进入了实科中学，该中学是一家新开的设备齐全的社会公共机构。在物理系里有各种各样的经典科学仪器的模型，有电气科学方面的也有机械学方面的。老师们不时进行的试验和演示使我非常着迷，毫无疑问这也有力地激发了我的发明欲望。我也酷爱学习数学，并且常常因计算迅速而赢得教授的夸奖。这是因为我获得了一种能使数字形象化进行运算的能力，这种能力不是与生俱来的，而是在现实生活中锻炼出来的。在一定的复杂程度之内，不论是把那些符号写在黑板上还是把它们呈现在脑海中对于我来说都完全一样。花费数个小时来作徒手画是我

特斯拉肖像

不能容忍的烦心事。我的这一缺陷相当引人注目，因为我家里有好几个人都擅长徒手画。要不是班里还有少数几个特别愚蠢的什么事也做不了的男孩的话，我的记录将是最差的。这是一个严重的缺陷，因为按照当时的教育体制，绘画是必修课。这一缺陷还差一点儿毁了我的整个学业，而且父亲让我仓促地从一个班转到另一个班，也给我制造了很大的麻烦。

在实科中学的第二年，我开始对“用稳定的气压制造持续的运动”这一想法产生了极大的兴趣。我已经提过的抽水机事件点燃了我充满青春活力的想象，而且真空的无穷能量给我留下了深刻的印象。利用这一取之不尽、用之不竭的能量的欲望让我变得惴惴不安，但在很长一段时间内，我一直在黑暗中摸索。然而，我的努力最终在一项发明成果中得以体现，这一发明也让我体验到了其他人从未尝试的东西。

设想一个圆筒能在两个轴承上自由旋转并且它的一部分被一个大小刚好合适的矩形槽包围。那个槽的开口被一个隔板封了起来，因此这个圆筒的隔板把里面分成了两个分隔的空间。这两部分被气密滑动接头完全分开。其中一个间隔被密封，一旦它里边的气体被抽空，而另一个间隔保持通气，一个永恒转动的圆筒就形成了，至少我这么认为。一个木制模型被小心翼翼地建造安装起来，当我把泵安在模型的一边时，竟发现它有旋转的趋势，这让我兴奋得发狂，以至于我打着伞从楼顶上跳下，结果重重地摔了一跤。尽管我经历了许多次失败并沉浸在这一令人气馁的记忆中，但乘机器飞行依然是我想要实现的目标。以前，我总会坐着飞机到一个遥远的地方，但我不明白这是怎么做到的。现在我有了一些具体的东西——一个仅仅由旋转柄、拍动的机翼和一个能量无穷的真空装置组成的飞行机器！从那时起，我每天都想象着自己乘坐在既舒适又奢华的飞行工具上进行日常的空中旅行，仿佛自己就是所罗门王（所罗门王［King Solomon］：据《圣经》记载，所罗门王是以色列联合王国的国王，犹太民族历史上最伟大的君王，也是世界上最传奇的君王之一，在耶路撒冷做王四十年，是大卫的儿子，犹太人智慧之王。相传他著有《箴富》《所罗门智慧书》《雅歌》《传道书》等作品，同时对动植物也有广泛研究）一样。很多年后我才知道大气压力在不同角度上作用于那个圆筒的表面，而我所注意到的那个轻微的旋转运动也是漏气的缘故。尽管我是渐渐才明白这一点的，但它仍然使我受到了很大的打击。

我刚刚完成实科中学的课程，就被一种或者说一系列严重的疾病击垮了。我的身体状况变得让人绝望，以至于医生们都放弃给我治疗了。在这一时期，我得到允许可以在被我忽视已久的公共图书馆里借书看。我受公共图书馆委托把典籍分好类，同时做一些编排目录的准备工作。有一天我找到了好几册新的文学作品，它们不同于以往我读过的任何一部作品。它们是如此让我着迷，以至于我完全忘记了自己那令人绝望的身体状态。它们是马克·吐温（马克·吐温：原名塞缪尔·朗赫恩·克里门斯［Samuel Langhorne Clemens，1835—1910］，美国幽默小说家、作家和演说家）的早期作品，后来我可能就是因为它们才奇迹般地康复了。二十五年后，当我遇到克里门斯先生并与他结为朋友时，我把这一经历告诉了他，我惊愕地看到那位伟大的幽默大师竟然大哭起来。

我在克罗地亚的卡尔斯塔特高等实科中学继续学习。我的一位阿姨住在那里。她是个高贵的人，丈夫是一位身经百战的上校。我永远不会忘记在他们家度过的那三年。战争期间，所有的要塞都纪律涣散。我像一只被豢养的金丝雀。享用的所有食品都是最好的、最美味的，但是饭量只有足量时的十分之一。我阿姨切的火腿片薄得像绵纸片一样。要是上校把一些厚实的东西放在我盘子里，她就会把它夺走，并激动地对他说："当心点儿，尼古拉很虚弱。"我很贪吃却不能遂心，像坦塔罗斯（坦塔罗斯［Tantalus］：希腊神话中西皮罗斯［弗里吉亚］国王。有关他的传说有两种：一种说法是坦塔罗斯是诸神的密友，曾被允许与诸神同桌进餐，直到他向世人透露诸神的秘密而触怒了他们；还有一种说法是坦塔罗斯杀死了自己的儿子珀罗普斯，并做成菜肴给诸神吃，从而触怒了诸神。后来他

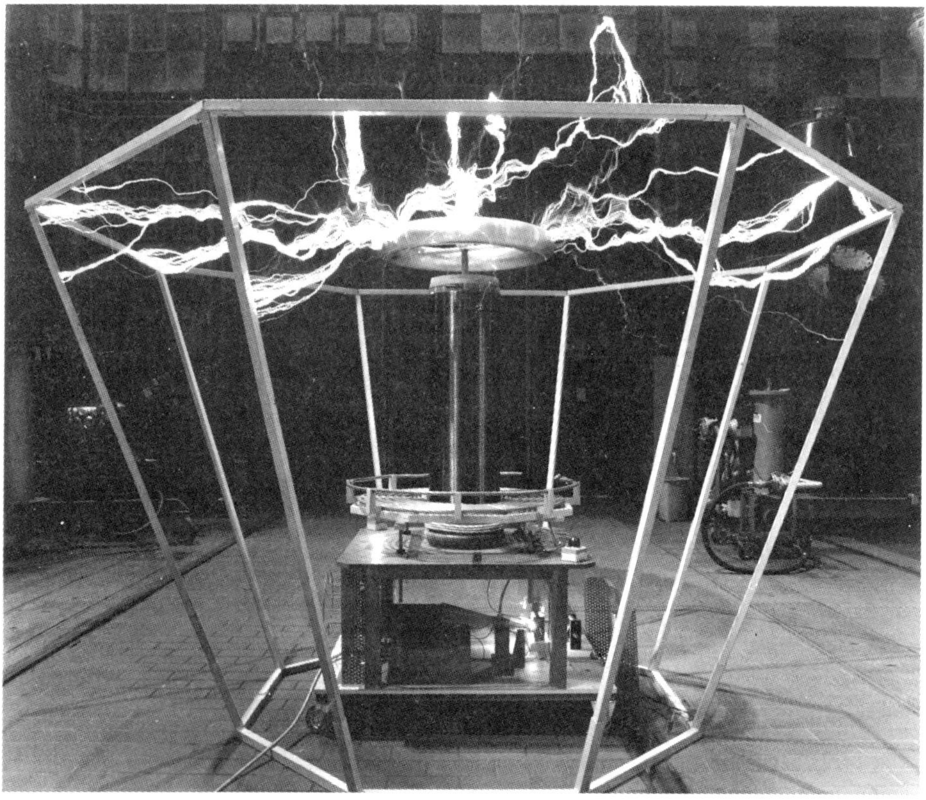

特斯拉线圈演示效果

被关在冥界，站在齐颈的水中，每次口渴想喝水时，水就会退去；他头上悬着果树树枝，每当他想吃果子时，风就会把果树枝吹开）一样饱受折磨。但我毕竟生活在一个文雅而又有艺术气息的环境中，在那个时期、那种条件下这是很不寻常的。那一地区地势低矮而湿软，尽管我服用了大量的奎宁，但是疟疾、登革热一直困扰着我。河水会时不时地上涨，把大量的老鼠赶进房子里。老鼠会吞食所有的东西，连最辣的辣椒也不例外。对于我来说消灭这些害虫是一种难得的消遣。我用各种各样的方法消灭了大量的老鼠，这让我在街坊邻里间赢得了捕鼠能手这一不怎么文雅的称号。最终课程完成了，痛苦结束了，我顺利获得了结业证书，这一证书也把我带到了人生的十字路口。

那些年来，父母让我从事神职工作的决心从未动摇过。一想到此事我就心怀恐惧。在物理学教授的影响下，我对电学产生了浓厚的兴趣。他是个具有创造才能的人，经常用自己发明的器械演示物理原理。在那些器械中，我记得有一个外形像旋转灯泡的、糊着锡箔涂层的装置，这一装置一接到静态机上就会迅速旋转。在看过他展示这些神秘现象后，我无法用语言表达出这一展示给我的强烈感受。每一个印象都在我的脑海中产生了一千个回声。我想对这一奇妙的现象了解得更多一点儿。我渴望进行试验和调查，但我只能接受上天的安排，带着一颗受伤的心离开那里。

正在我准备踏上回家的漫漫长路时，父母那里传来消息，他们让我去参加一次射击远征。这是个很奇怪的要求，因为他们以前总是强烈反对我参加这项运动。但是几天后，我得知那个地区霍乱很严重，借着这个理由，我没有听从父母的安排而回到了戈斯皮奇。令人难以置信的是：人们对这一灾祸产生的原因的认识非常肤浅。这一灾祸每隔十五年至二十年的时间就会席卷这个国家。他们认为霍乱的病毒是通过空气传播的，并且带有刺鼻的气味和烟雾。在此期间，人们饮用受到污染的水，然后成堆地死去。我一到那儿就染上了这种可怕的疾病。尽管我挺过来了，但是我被要求九个月后才能下床，在那期间我几乎连动都动不了。我的体力被完全耗光了，我再次感到自己站在了死亡的大门口。在弥留之际，父亲冲进病房，我依然记得他在试图让我振作起来时苍白的脸。“或许，”我说，“你要是让我学工程学的话我就会好起来。”“你会去世界上最好的技术学校。”他严肃地回答说，我知道他是认真的。我如释重负地松了口气，但要不是喝了一种特殊的苦豆汁后奇迹般地康复了的话，这一缓解忧虑的事就未免来得太晚了。我像又一个拉扎勒斯那般奇迹地复活，这让每个人都大吃一惊。

父亲执意让我再做一年有益身体健康的户外运动，我很不情愿地同意了。这段时期的大部分时间我都在山中漫步，背着猎人的全套装备和一捆书。与大自然的接触让我的身体变得更强壮，让我的头脑变得更灵活了。我策划并酝酿出了许多不切实际的计划。许多想法和构思都很清晰，但是我对相关的原理知之甚少。我有一个方案，计划用强度足以承受住海水压力的球形容器在海底管道中跨海传递信件和包裹。那个试图推动海水在管道中流动的抽水机床，以及其他的相关部件都被我细心、精确地设计制造出来了。只有一个没有任何影响的微小细节被忽略了。我假定了一个任意的流速，此外，我还兴奋地提高了它的流速。这样通过精确的计算就得到了一个惊人的结果。然而，随后我在思考管道对流体的阻力时，决定把这一发明变成公共财产。

我的另一个方案是打算绕着赤道建造一个环，当然，它能自由漂浮，同时能在自身的旋转中因受到反作用力而停下。这样我们就能以大约一千英里每小时的速度旅行，这是火车不能达到的速度。读者看到这里可能会发笑。我承认这一计划很难实行，但是不如那位著名的纽约教授所遇到的情况糟糕。他想把热带的空气抽到温带去，却完全忽视了这样一个事实：上帝已经为这个目标的实现提供了一个巨大的机器。

我的另一个更重要、更吸引人的方案是从地球的转动中获取能量。由于地球每天都在转动，地球表面的物体都被携带着时而顺着平移运动方向运动，时而逆着平移运动的方向运动。从这些研究结果上看，地球转动时带来的动量可以很容易地被用来为世界上任何一个地区提供动能。随后，我意识到我正面临着与在浩瀚宇宙中寻找支点的阿基米德一样的尴尬处境时，同样找不到合适的词来描述我的失望。

假期结束后，我被送到施蒂利亚州（施蒂利亚州 [Styria]：奥地利东南部州。面积 16.388 平方千米，首府格拉茨）的格拉茨理工学校学习。我父亲也被选为那个学校里最德高望重的教育者之一。那是我期待已久的时刻。我开始在最好的资助下学习，决心一定要学有所成。父亲给予我的教导和特殊平台，使我的学习难度高于同学们的平均水平。我学会了好几种语言，在好几家图书馆的书海中遨游，或多或少地学到了些有用的知识。不仅如此，我头一回可以学习自己喜欢的科目了，再也不会受到徒手画的困扰了。

我决定给父母一个惊喜。第一年我总是早上 3 点就开始学习，直到晚上 11 点才结束，周末和假期也不例外。因为我的同学大都不重视思考，很自然地，我让他们都望尘莫及。在那一年学习的课程中，我通过了九门考试，教授们认为我应得到比满分更高的分数。我带着他们令人高兴的评语，回到家中度短假，原本以为自己会受到热烈的欢迎，但当发现父亲对我取得的这些来之不易的成就不当回事时，我感到很羞愧。那几乎摧毁了我的信心。但是在父亲死后不久，我带着悲伤的心情无意间发现了一包信件，那些信都是教授们写给他的，大意是劝他把我从学校带走，不然我会因过度劳累而死。

从那以后，我把精力主要用在了物理学、机械学和数学学习上，把空闲时间也都花费在了图书馆里。我还有一个习惯就是强迫自己完成已经开始做的事，这一习惯经常让我陷入外人看来不必要的麻烦。有一次我读伏尔泰（伏尔泰原名弗朗索瓦－玛里·阿鲁埃［Francois' Marie Arouet，1694—1778］，法国启蒙思想家、文学家、哲学家）的著作，他的著作字体都很小，差不多有一百本，而且那位大师每天都会喝光七十二杯浓咖啡，那些著作都是他一边喝咖啡一边写成的。当我得知此事时，只好强迫自己把它们都读完，一读完最后一本，我就非常高兴地说道："终于读完了！"

我第一年的表现让我赢得了好几个教授的赞赏和友谊。那些教授包括：罗格纳教授，他教算术和几何；珀施尔教授，他是理论物理学和实验物理学的主席；阿莱博士，他教积分学并且擅长微分方程。阿莱博士是我见过的最棒的讲师，他特别关注我的发展，并且还经常在教室里待一两个小时训练我做题，这让我很高兴。我跟他说了我已经构想出来的飞行机器，这不是一个想象中的发明，而是一个基于合理的、科学的原理上的发明。通过我的汽轮机，这一发明已经变成了现实而且不久后就会面世。罗格纳和珀施尔都是很古怪的人。前者总是用特殊的方式来表达自己的想法，他不论什么时候说出自己的想法都会引起一阵骚乱，随后是令人尴尬的长时间的停顿。珀施尔教授是一个办事有条不紊、有理有据的德国人。他有一双大脚和一双像熊掌一样的大手，然而他做的实验却像锁一样精确且从不失手。

在我第二年的学习中，我们收到了一台来自巴黎的格拉姆发电机，它有一个蹄形的薄片场磁体和一个带着

特斯拉雕塑

整流器的电枢线圈。接通后，电流的各种各样的结果都显现了出来。当珀施尔教授把它像发动机一样运转以便作示范时，电刷出了毛病，发出了剧烈的火花。同时，我注意到运行没有这些装置的发动机是行得通的。但他却说这么做是行不通的，然后很荣幸地，他让我针对这一课题写篇论文。他对这篇论文的评论是："特斯拉先生有做大事的潜力，但是他肯定不会去做。我们把一个像重力一样恒定的拉力转化成一个同等大小的能让物体旋转的力，这是一个事关永恒运动的方案，是一个不可能实现的想法。"但直觉是超出知识范围的东西。毋庸置疑，我们确实有一些极好的神经，当我们用逻辑演绎时，就感受到了真理的存在。否则，大脑在其他方面的任何努力都将是徒劳的。有一段时期我动摇了，被教授的权威压倒了，但是不久后我开始坚信我是正确的，然后带着青春的激情和无比坚定的信心着手进行这项工作。

我首先在脑海中想象出一幅直流发电机的画面，开动它，然后追随着在电枢中不断变化的电流。我会想象一个交流发电机，然后用类似的方法研究那一过程的发生。接下来，我会设想一个由发动机、发电机组成的系统，然后用不同的方式操作它。我看到的那些图像对于我而言非常真实。我在格拉茨理工学校剩下的学期都是在这种既紧张而又无结果的努力中度过的。我几乎得出这一问题是无法解决的结论。

1880年，我去了波希米亚（波希米亚［Bohemia］：历史上欧洲中西部的王国。东欧集团解体后，1993年波希米亚成为独立的捷克共和国的一部分）的布拉格，实现父亲的遗愿：在那儿的大学里完成我的学业。就是在那个城市，我的研究工作取得了决定性的进展。这一进展是通过拆下电机上的整流器——选用新的研究方向研究这一现象——取得的，但仍然没有结果。接下来的一年里我对生活的很多观点突然发生了改变。我意识到父母已经为我作了太多的牺牲，我决定减轻他们的负担。美国电话浪潮才刚刚到达欧洲大陆，匈牙利的布达佩斯（布达佩斯［Budapest］：匈牙利首都，横跨多瑙河两岸）就要安装电话系统。这是一个非常难得的机会，因为我的一个朋友是那里一家电话公司的负责人。就在这时，我的精神彻底崩溃了。我在生病期间所经历的事情碾压了我全部的信仰。那时候我的视力和听力变得无与伦比。我能看清远距离的物体，而位于那个距离的东西别人什么也看不到。少年时，我能听到不足以把我的邻居们从睡梦中弄醒的微弱的噼啪声，然后喊人救火，就这样我救了他们好几次。

到了 1899 年我四十多岁了，在科罗拉多州（科罗拉多州［Colorado］：美国中西部一州，地处落基山西侧，首府丹佛）继续进行我的试验，那时我仍能清楚地听到五百五十英里之外的雷声。我的年轻助手们的听觉范围都超不过一百五十英里。我的耳朵要比他们的灵敏十三倍。然而，与我精神崩溃时的听觉能力相比，我那时简直就是个聋子。在布达佩斯我能隔着三间房子听到钟表的滴答声。一个落在房间里的桌子上的苍蝇都能在我的耳朵里产生低沉的重击声。数英里之外经过的马车都能让我全身震动。二三十英里之外的火车汽笛声让我正在坐着的长凳或椅子震动得很厉害，甚至让我难以忍受。我脚下的大地也在不停地颤动，我不得不把床用橡胶垫垫起来才能得到些许的睡眠。如果我不能把远近的噪音一一辨清的话，它们就使得我好像听到了一些耸人听闻的消息一样，让我感到十分震惊。阳光不时地被遮住，那些光束的强大力量使我感到很惊讶。我不得不集中所有的力量来过桥或者走过其他的地方，就像我遭受过什么致命的打击一样。在黑暗中我的感觉器官就像蝙蝠一样灵敏，而且我还能通过额头上奇特的感知能力发现十二英尺远的物体。我的脉搏在几下到二百六十下之间变化，而且我全身的肌肉组织也因痉挛而颤抖着，或许这是最令人难以忍受的。一位让我每天服用大剂量溴化钾（溴化钾：一种镇静药物）的著名内科医生宣称我的病是极不寻常的，也是无药可救的。

让我抱憾终生的是那时候我没有去咨询心理学和生理学方面的专家。我非常想活下去，但从不敢奢望能够康复。有人会相信一个身体如此糟糕的人能变成一个有着令人惊讶的体力和韧劲儿的、能够连续工作三十八年几乎没有一天间断，且身强体壮、思想新颖的人吗？这就是我的情况。在强烈的求生欲、想要继续工作的渴望和一个忠诚的运动员朋友的协助下，我实现了这个奇迹。我的身体状态和思维的活力一同康复了。当我再次着手研究旋转磁场时，我几乎为这一斗争结束得太快而感到后悔。我的精力太多了。在那个我曾在回忆录中提到过的下午，我和一个朋友在城市公园里边散步边背诗歌。在那个年龄，我能用心记住整部书的每一个字。其中一部书是歌德的《浮士德》。正要落山的夕阳让我想起了那一辉煌的诗篇中的一节：

夕阳西下，结束了一天的劳累；

它又匆匆地赶往别处，探索生活的新领域；
啊，没有一双翅膀能带我沿着它留下的痕迹；
翱翔天际，离开这片充满苦难的土地；
一个美好的梦想！尽管现在它的美丽逐渐褪去；
那双让我的思维肆意飞翔的翅膀啊；
却不能让我的躯体也飞腾起来！

当我说出这些令人振奋的诗句时，一个想法像闪电一样出现在我的脑海中，一瞬间真理显现了出来。我用木棒在沙滩上画了一些简图，这些简图六年后在我的演讲中得以公开展示，那时美国电气工程师学会和我的同伴都还不能完全理解那些简图。我脑海中的画面不仅极其鲜明和清晰，而且还像金属和岩石一样是真实存在的，如此真实以至于我告诉他："看那儿，我的发动机，看我把它掀翻。"我情不自禁地开始描绘它。皮格马利翁（皮格马利翁[Pygmalion]：希腊神话中的塞浦路斯国王，他爱上了阿佛洛狄忒神的一座雕像。女神因怜悯他而使雕像复活，他们结为夫妻。另一个说法是：皮格马利翁是一个雕刻家，因为厌恶世俗女人的缺点而雕刻了一尊女神像，后来雕像被赋予了生命，取名为卡拉蒂亚）看到他的雕像有了生命后都不会像我这样被深深地打动。在我偶然发现的大自然的一千个奥秘中，出乎意料的是，我唯独对旋转磁场这一奥秘的发现情有独钟，并且为了得到它我愿意付出生命的代价。

第四章
特斯拉线圈和变压器的发明

当一个人把对大自然的喜爱发展成一种强烈的欲望时，他就会朝着他的目标大踏步地前进。在不到两个月的时间里，我几乎把所有类型的发动机都作了改进，并修改了现在这一以我的名字命名的系统。

——[美]尼古拉·特斯拉

有一段时间，我完全沉溺在构想和设计新型机器上。那种感觉是我在有生之年经历过的最愉快的精神状态。灵感像一条绵长的小溪源源不断地流进我的脑海里，我唯一的困难就是不能牢牢地抓住它们。我想象出机器零件的每一个细节，甚至连上面微小的磨痕在我看来都是完全真实而又可见的。一想到不停运转的发动机我就非常兴奋，因为这样我的脑海中就会出现一幅迷人的景象。当一个人把对大自然的喜爱发展成一种强烈的欲望时，他就会朝着他的目标大踏步地前进。在不到两个月的时间里，我几乎把所有类型的发动机都作了改进，并修改了现在这一以我的名字命名的系统。大概是天意吧，迫于维持生计，我不得

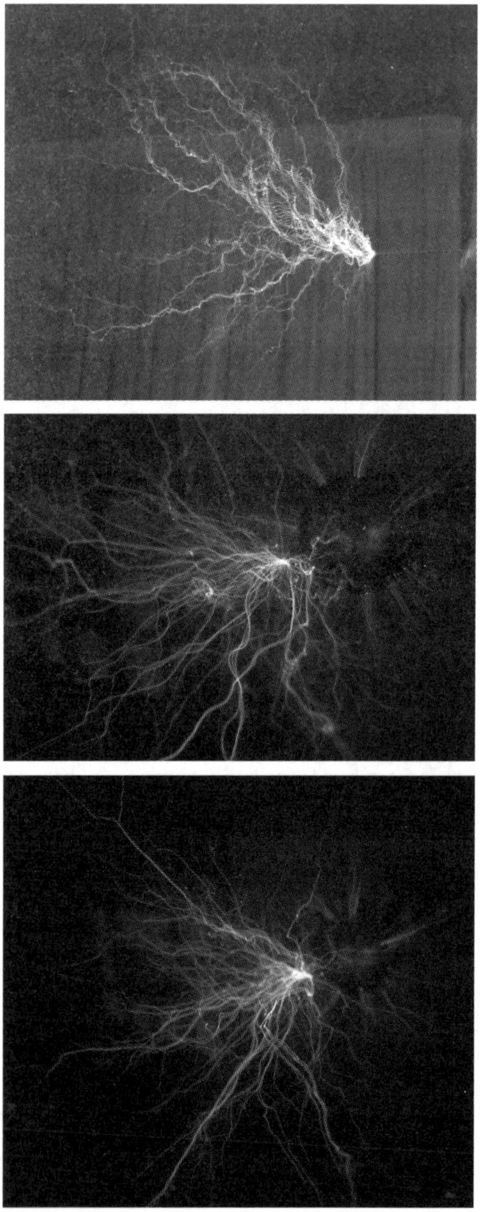

特斯拉线圈引发的光

不暂时停下有关发明创造的思维活动而去找一份工作。在一份仓促的报告的推动下我来到了布达佩斯，因为那份报告让那家电话公司很担心。然而让人哭笑不得的是我不得不在匈牙利中央电报局里接受一个绘图员的职位，其薪水在我看来低得都让我感觉不到作为一个公民所具有的基本人权，这仿佛是命运的捉弄。幸运的是我很快就赢得了顶头上司的好感，之后我开始从事与制造新设备有关的计算、设计和评估工作，一直到电话局创建以后，我仍然从事此类工作。在这项工作中，我学到的知识和实际经验是最重要的，而且这一职位给我提供了很多锻炼创造才能的机会。我对电话局的设备作了很多改进，完善了电话中继器或者说是扩音机，我从来没有把这个电话中继器注册专利，也没公开予以说明，但是直到今天我仍然享有电话中继器发明者的荣誉。尽管那时候我的顶头上司普斯卡斯先生正忙于处理他自己在布达佩斯的生意，但为了对我高效率的工作援助予以认可，他给了我一个在巴黎工作的机会，我欣然接受了。

我永远不会忘记那个神奇的城市给我留下的深刻印象。在到那儿以后的几天里，我带着对新环境的困惑游荡在这个城市的各个街头。有吸引力的事物是如此之多、如此令人难以抗拒，于是我刚刚领到的薪水很快就被花光了。当普斯卡斯先生问我是怎么适应那里的新环境时，我用这句话精确地描述了当时的状况："这个月的最后二十九天最难熬！"但我依然活得干劲十足，这种生活现在可以被称为"罗斯福式的时尚"。不管天气是好是坏，每天早上我都会从我居住的马塞尔林荫大街出发来到塞纳河上的一个浴室里，纵身跳入水中，在浴池里游二十七圈，然后再步行一个小时到达公司的工厂所在地伊夫里。七点半，我会在那里吃一顿伐木工人吃的早餐，然后焦急地等待午餐时间。在此期间我会给工务总理查尔斯·巴切特罗先生砸硬坚果吃。他是爱迪生先生的亲密伙伴和助理。我台球打得不错，所以在这里我赢得了好几个美国同事的喜爱，并和他们成了朋友。我向这些人讲述了我的发明计划，然后他们中的一个机械部工头德·坎宁安先生提议组建一家股份公司。在我看来，这一提议是极其荒唐可笑的。我一点儿都不知道股份公司是什么意思，只知道那是美国人干事业的一种方式。这件事最终不了了之，在接下来的几个月里我不得不在法国和德国之间奔波，维修发电站出现的毛病。回到巴黎后，我向身为这家公司的管理者之一的劳尔先生提交了一份计划书，大意是要改进他们的发电机，并得到了批准。我获得了空前的成功。随后，心情愉快的主管们授予我开发自动调节器的特权，这是我梦寐以求的事。不久，阿尔萨斯的斯特拉斯堡（斯特拉斯堡[Strassburg]：法国东部城市，位于法、德边界上）新火车站的照明装置出了毛病。照明线路的设计是有瑕疵的，在开幕仪式开始之际，大部分墙面因照明线路发生短路而显得格外扎眼，墙面上威廉一世皇帝的面像也因之褶皱不堪。德国政府拒绝使用这一成套的照明装置，因此这家法国公司即将面临巨大的损失。因为我懂德语而且还到过德国，所以公司把解决这一难题的任务交给了我。于是，1883 年初我去了斯特拉斯堡。

在那座城市里发生的一些事情给我留下了不可磨灭的记忆。不可思议的是许多声名显赫的人物也住在那里。在此后的年月里，我经常说："在这座古老的城市里有种能使人走向伟大的细菌，其他人都被感染了，唯独我没有被感染。"我在那里的实际工作是跟政府的官员进行沟通和商讨。这一工作占据了我大量的时间。不过我一有时间就跑到火车站对面的机械厂里着手制造一个简易的发动机。为此我早已从巴黎带来了一些必备的材料。然而试验的结果一直拖到第二年夏天才出来。在此期间，我很高兴地看到通过改变不同相位的电流，不用滑动接头和集电环就能使发动机转动。这正是我多年前就一直在构思的。这件事让我很快乐，然而这一快乐还不足以与随后的惊人发现所带给我的狂喜相提并论。

该市的前任市长博赞（Bauzin）先生是我的新朋友之一。我多多少少地让他了解了一下我的这一发现以及我的一些其他发明。我会尽力去取得他的支持。他对我真的很热心，并把我的计划介绍给了许多有钱人。但让我感到羞愧的是，那些有钱人竟然一点儿响应都没有。博赞想尽一切方法来帮我，但是 1919 年 7 月 1 日这天，我突然感觉到原来我一直都受着这位好心人的“施舍”，尽管这一“施舍”既不是经济方面，也不是什么其他不光彩的方面。1870 年，德国入侵法国后，博赞先生从圣埃斯塔菲的军饷中扣出了大量的养家费并把它们埋了起来。最后他对我说，他认识的有钱人都不如我认识的多。这就是我在上文中提到的令人难忘的意外之一。我的一位朋友劝我尽快赶回巴黎并在那里寻求赞助。我也很想这么做，可是我的工作和谈判也因为我突然遇到的各种琐事而拖延了。因此，有时候我的处境看上去很令人绝望。

在此我将讲述一个很有趣的经历来说明德国人的一丝

不苟和“效率之高”。走廊里要安装一盏 16c.p（c.p：光照强度单位）的白炽灯，为了选一个合适的安装位置，我让机械师先布置电线。他工作了一会儿后说得咨询一下工程师，然后他就真那么做了。工程师给出了好几个不同的建议，但是最终同意把灯安装在离我选定的位置大约两英寸的地方。然后我们又开始继续工作了。不久那个工程师变

塞尔维亚贝尔格莱德特斯拉博物馆

得很不安并跟我说应该把这件事通知给检察官艾沃戴克（Averdeck）。那个地位很高的人来了，经过细致的调查、激烈的讨论之后，他决定把那个白炽灯移回两英寸，正好是我原先选定的位置。没过多久，艾沃戴克又开始怀疑自己的判断了，他通知我说他得把这件事通知高级检察官希罗尼穆斯（Hieronimus），因此我得等待他的决定。好几天后那位高级检察官才从其他一些比较棘手的事务中腾

Tribute
To
Nikola Tesla

On his 75th birthday in 1931, Nikola Tesla's photo appeared on the cover of *Time Magazine*. On this occasion, Tesla received congratulatory letters from more than 70 pioneers in science and engineering. These letters were mounted and presented to Tesla in the form of a testimonial volume.

Among those who expressed indebtedness and appreciation were Albert Einstein, Robert A. Millikan, Lee De Forest, William H. Bragg, E. N. da C. Andrade, E. V. Appleton, Arthur H. Compton, J. B. Whitehead, B. A. Behrend, Andre Blondel, Count George von Arco, Jonathan Zenneck, L. W. Austin, Addams S. McAllister, and W. F. G. Swann.

《时代》杂志封面上的特斯拉照片

出手来，不过最终他还是来了。他来之后进行了长达两个小时的漫长讨论，最后决定把灯泡再移动两英寸远。我希望这是最后一次折腾了，可是万万没想到的是我的希望又破灭了。他回来时对我说："冯克（Funke）议员极其挑剔，因此没有他的明确指示我也不敢轻易下命令。"

于是，为了迎接那位了不起的人，我们做了一些准备工作。我们一大早就擦好了地板，擦亮了玻璃。每个人都把衣物洗涤一新，我戴上了手套，冯克和他的随从一现身就受到了我们的热烈欢迎。经过两个小时的商讨后他突然宣布："我得走了。"然后他指着天花板上的一个地方，命令我把灯安装在那儿。那正是我一开始就选定的地方！

日子就这样一天天地过去了，虽然其间发生了很多事情，但是我决定不惜一切代价取得成功，最终我的努力得到了回报。1884 年春天，所有的差错都得到了纠正，那一套照明设备终于被正式接受了，我满怀希望地回到了巴黎。公司的一位行政人员向我保证，只要我取得成功，就会得到一笔数量可观的报酬，并且为我在发电机方面取得的进步给予公平待遇。我希望能得到一大笔钱。为了便于叙述，我把那三位行政人员分别称为 A、B、C。当我拜访 A 的时候，A 告诉我 B 有发言权，但 B 却认为 C 可以决定此事，然而C却跟我说A自己就能决定此事。这样几圈下来，我渐渐明白，我的酬劳就是一座空中楼阁，永远不可能得到了。最后一次筹集发展资金的失败给了我又一次的打击，当巴特切罗建议我到美国重新设计爱迪生的机器时，我决定到这个充斥着黄金的国度试试运气。但机会却如此渺茫。我变卖了仅有的资产，抵押了房子，来到了火车站。当火车就要开动时，我发现我的车票和钱竟然不翼而飞了。怎么办呢？赫拉克勒斯有大量的时间可以用来思考问题，而我呢？我在火车旁奔跑的同时，脑子里想的却是冷凝器振幅之类的问题，而这与我此时的心情毫不相符。后来，我凭借熟练的手艺，成功地度过了那段艰难的日子，然后带着剩余的行李乘船去了纽约。行李箱里是一堆没有解决的积分问题的材料和飞行器的计算资料。

我想要描述一下我对这个国家的第一印象。我从阿拉伯神话中得知，魔仆是怎样将人类送至一个梦幻国度，让他们在那里经历愉快的冒险的。然而，我的情况却恰恰相反，魔仆将我从一个梦幻世界丢到了现实之中。我所留在梦里的都是美丽的、艺术的、美好的，而我在现实中所看到的却是机械的、粗鲁的又缺乏魅力的。一个粗壮的警察挥动着棍子，在我看来他像一桩大圆木。我礼貌地走过去问路，“前边第六个路口，左转”，他冷冷地回答，目光好像要杀人。“这是美国吗？”我好奇又心痛。

与爱迪生见面是我生命中值得纪念的事情。我对这个伟大的人感到很吃惊，我惊讶于他没有早期的科学训练和其他方面的优势条件，却取得了如此多的成绩。我学会了多种语言，在文学与艺术方面都有所研究，生命里最好的时光都在图书馆里度过，从牛顿的基本原理到保罗的小说，却感觉浪费了生命里的大部分时间。但是没过多久我才意识到那是我一生中所做的最宝贵的事情。在和爱迪生相处的几周里，我赢得了爱迪生的信任。事情是这样的。

俄勒冈州的轮船是当时最快的客船，其照明设备出了问题不能用了，航行时间也延迟了。由于它的上部结构是在照明设备安装完毕后才建成的，因此将照明设备从船舱里移出来几乎是不可能的。当时的处境十分尴尬，爱迪生显得有些恼怒。晚上，我带上必要的工具来到船上，在那里，我待了一个晚上。船的发电机状况不佳，有些短路和磨损，但在船员的帮助下，我把它修好了。早上 5 点，当我穿过第五大道到工厂时，遇见了爱迪生，他和巴特切罗还有其他几个人正往回走，要回家休息。他说，“这就是晚上到处乱跑的巴黎人。”当我告诉他我来自俄勒冈州，

特斯拉雕塑

并且修好了船上的照明设备时，他静静地看着我，然后默默地走开了。当他走出一段距离时，我听到他说“巴特切罗，这家伙真是个好手”，也就从那时候起，我可以自由地指挥工作了。将近一年的时间里，我的日常工作时间都是从当天上午十点半到次日凌晨五点，没有一天例外。爱迪生对我说：“我有很多能干的助手，但你是他们中最能干的。”在此期间，我设计了二十四种不同种类的统一型号的短核标准机器来取代旧式机器。经理承诺，只要我完成这些任务，就会给我五万美元。事实证明那只不过是个恶作剧罢了。这次经历让我很痛苦，所以我辞职了。

刚辞职不久，就有人建议我与他们一起创立弧光灯公司，并以我的名字命名，我接受了这个建议。而这也为日后发明电动机创造了条件，但是当我与我的合伙人讨论电动机的相关事宜时，他们却说：“不，我们想要的是弧光灯，你所研究的电动机与我们无关。”1886 年，我设计的弧光灯照明系统已经很完美了，先后被工厂和市政府采用，然后我的空闲时间多了起来，但是我除了拥有一张镌刻漂亮的股权书带来的空头价值之外，什么也没有。紧接着，我遭遇了许多麻烦，不过最终还是解决了它们并且得到了补偿。1887 年 4 月，特斯拉电气公司成立，并且拥有实验室和设备。我在那里完成的发动机与我想象中的相差无几。我不试图改善我的设计，只是复制出现在我想象中的图像，而且这一操作过程通常都与我期望的一致。

1888年初，我的公司与西屋公司商定一起大规模生产发动机。但是依然困难重重，我的作业系统是建立在低频电流的基础上的，但西屋公司的专家们则采用一百三十三周期的电流，以得到转换中的有利因素。他们不想背离机器的标准形式，而我必须努力使发动机适应这些条件。我必须生产出一种能够依靠两根电线并以这样的频率高效运转的发动机。而这个任务并不容易。

然而，在1889年底，我已经没有必要再在匹兹堡工作了。我回到纽约，在格兰德大街实验室里重新开始实验，也就是在那儿，我开始设计高频机器。在这个未被开发的领域，所有结构上的问题都很新奇，所以我遇到了许多困难。我没有使用感应器，因为我担心它不会产生完美的正弦波，而这种正弦波对共振效应有重要作用。如果不是这样，我就不用下这么大的力气了。高频交流发电机的另一个让人头疼的问题是它的频率变化无常，这将严重制约它的使用。我已经在美国电气工程师协会的示范中说明，有时候它的频率会发生变化，需要重新调整，而且其消失时间不可预见。很久以后我发现了一种能让这种类型的机器以稳定的频率运行的方法，使得它的频率变动大小远远小于它的最大频率和最小频率之差。

多方考虑之后，我认为发明一种简单的机器来制造这种电振荡看起来是可行的。1856 年开尔文爵士揭示了电容器放电原理，但是那一重要的理论没能得到实际应用。我看到了它的潜在价值，并在此理论基础上着手开发感应器。我的进展是如此迅速，使我得以在 1891 年的演讲中展示了一个线圈,该线圈能产生五英寸高的火花。在当时，我向工程师坦言，以这种新的方法进行转换也存在缺点，即火花隙的能量损失。随后的调查表明，不论采用什么介质，空气、氢气、汞、蒸汽、燃油，或者是电流，其功效都是相同的。这是一种跟机械能的转化定律非常相似的定律。我们把一个重物从一定高度垂直扔下，或沿着任意一条曲线把它带到更低的地方，就其工作量而言，两者并没有多大差别。而且，幸运的是，这种缺点不是致命的，通过合理调整，其效率可以达到百分之八十五。因为我很早就公布了这一发明，所以它已被广泛使用，并在许多部门掀起了一场革命。它的前途会更加光明。1900 年，我发明了一个一百英尺的放电器，在全球引起了轰动。我想起了我在格兰德大街实验室里第一次看见的那些微小的火花，那种感觉和我发现旋转磁场时一样让我兴奋不已。

第五章

放大发射机的发明

如果我们能制造出合乎质量要求的电力，那么我们整个星球以及生存条件都将发生变化。如果用人力，使水在我们所希望的时间、地点出现，那么这种强大的维持生命的水便由人类的意志控制。

——[美]尼古拉·特斯拉

当我回顾往昔岁月时，我意识到有一些事情对我个人命运的形成具有极其微妙的作用。我年少时的一个例子可以用来佐证。在一个冬日，我和小伙伴们一同爬上了一座陡峭的山。山上的雪很厚，而从南方吹来的暖风让这次登山之旅很惬意。我们之间互相投掷雪球。落地的雪球在滚动过程中或多或少黏上了一些雪。在嬉戏的过程中我和小伙伴们都想胜过对方。在我们扔出的雪球中，有一个小雪球在雪地上不断滚动，黏上了很多雪，变成了一个巨大的雪球，甚至都和房子一样大了，然后它就轰隆轰隆地滚落到山谷中，大地都为之一震。我看得很入迷，以至于都不明白到底发生了什么事。几周以后，我看到了雪崩的照片。

我觉得很好奇，这么小的东西怎么能变得如此巨大。从那时起，我就对微弱反应的放大作用产生了兴趣。几年后，我一开始对机电共振进行试验研究，就对它非常感兴趣。

莱昂亨特斯（Lionhunters）问我在我的众多发明中，我最看重哪一个。这要从不同的角度来看待这个问题。许多技术人才在他们各自的领域都是佼佼者，不过他们目光短浅而且经常被一个愚蠢的观念支配着。他们断言我发明的电磁感应发动机对世界没有什么实在用途。他们的这些看法是极端错误的。对一个新事物的评判不应只看短期效果，要用长远的眼光来看待。我的交流输电系统来自我的灵光一闪的想法，作为人们长期寻求的解决紧迫的工业问题的答案，虽然要克服很大的困难，而且还要调和很多利益冲突，但是跟平时一样，商业引进不能再拖延了。例如，拿当前的情况和我研制的涡轮遇到的情况相比。通常情况下如果人们认为这种发明非常简单漂亮，而且还具有很多优良品质，那么它就应该被立即采用。毫无疑问，这种情况跟之前的情况很相似。但是，航天界将来一定不会制造一些无用的机械；相反，它会带来更大的价值。这种系统会将自身带到一个新的高度，极大地改善那些老式机械。我研制的涡轮比以前的那些更先进。在某种意义上说它是一种背离，而它的成功便意味着那些耗巨资研制的过时的动力机组被淘汰了。在这种情形下，这一取代过程必须缓慢进行，或许还会遇到那些专家们因其本身所固有的偏见而发起的有组织的抵抗，从而对这一过程带来很大的阻碍。

而有一天的遭遇更让我气馁，那天我遇到了我的前任助手兼朋友——查尔斯·F. 斯科特，他现在在耶鲁大学电气工程专业任教授。因为我们很长时间没见面了，所以我很高兴能有机会和他交谈。我们之间的对话很自然地转到了我的涡轮研究上。一提到这个我就亢奋不已。“斯科特，我的涡轮会让世界上所有的引擎都甘拜下风。”我满怀憧憬地说道。斯科特摸了摸下巴，若有所思的样子，仿佛是在心里盘算，“你的涡轮不过是一堆废料”，然后一言不发地走了。

我的另一些发明，虽然在目前看来没什么用处，但是它们都将引领未来的发明方向。在改进这些发明时，我通常根据自己的本能作出改进，甚至从不考虑他们是否有存在的必要性。放大发射机就是我花费好几年的工夫研究出来的成果。这一成果，不但在工业发展方面会起到很大的作用，而且在为人类解决其他一些问题的时候所起到的作用会更大。

如果我没记错的话，应该是在 1890 年 11 月，我做了一个实验，它可谓科学记录上最壮观最不平凡的实验。在研究高频率电子时，我发现在一个房间里如果有足够强的电场，就可以点亮无电极真空管。根据以上情况，我着手建设一个变压器来证明该理论的正确性，最初的结果显示很成功。当时我很难解释清楚这种奇怪现象产生的原因。我们希望能够有新的灵感来解释它，不过后来就不了了之了。那时的奇怪现象对于今天的人们来说可谓再正常不过了。当我把我的真空管第一次展示给人们观看时，人们表露出了难以描述的惊奇。然后我收到了来自世界各地的邀请，以及眼花缭乱的荣誉，还有奉承诱惑，不过最终都被我拒绝了。

但在 1892 年，我接受了一个邀请，去了伦敦，在电气工程师学会发表了一次演说。处于类似的责任，我本打算立即启程去巴黎，但詹姆士・杜瓦爵士却坚持让我到皇家研究所。虽然我是个意志坚定的人，但却轻易地被这位了不起的苏格兰人的雄辩折服了。他将我推到一张椅子上，然后给我倒了一杯美味的棕色美酒，里边还冒着五彩缤纷的气泡，味道就像是众神饮用的琼浆玉液。“现在，”

他说，“你正坐在法拉第的椅子上，享用着他过去经常饮用的威士忌。”按他的意思说，这都是令人羡慕的经历。第二天晚上,我在那个机构作了一次演示。在演示结束时,雷利爵士向观众发表了感言，他慷慨的言辞给了我前进的动力。我离开了伦敦，为了躲避接踵而来的赞赏我又离开了巴黎。然后辗转回到家中，在家里经历了最痛苦的疾病的考验。等到完全康复后，我便打算重新着手在美国的工作。到那时为止，我从没意识到自己有善于发现的天赋，而雷利爵士却说我有这种天赋，甚至认为我是科学界的天才。如果是这样的话，我就应该将注意力集中在一些了不起的想法上。

有一天，我在山间漫步，时值暴风雨即将来临之际，我不得不找避身之处。天空乌云密布，但不知为何迟迟不下雨。突然一道闪电掠过天际，片刻后大雨便倾盆而下。这种现象令我沉思。很明显这两种现象紧密相关，就像起因和结果一样，稍一思考后，我便得出结论：在雨水突然降落的过程中，电能起到的作用是不值一提的，而闪电的作用就好似一个反应灵敏的扳机。

如果我们能制造出合乎质量要求的电力，那么我们整个星球以及生存条件都将发生变化。这件事成功的可能性是很大的。太阳使海水蒸发升入空中，然后风将空中的水汽吹到遥远的地区，使之保持这种微妙的平衡。如果用人力，使水在我们所希望的时间、地点出现，那么这种强大的维持生命的水便由人类的意志控制。我们灌溉沙漠，填造湖泊、溪流，为其毫不限量地提供原动力。这将是人类控制太阳使其为己所用的最有效的方式。这种设想的实现则依赖于我们按照大自然的规则发展电力的能力。虽然看起来是一项毫无希望的事业，但我下定决心要尝试一下，并立即返回美国。1892 年的夏天，我着手这项工作，而且对于我来说这项工作较以前的工作更有吸引力，因为要想实现能量的无线传输也需要相同的方法。

在第一年的春天，我得到了可喜的成果，我用圆锥形线圈收到了一百万伏特的电压。以目前的技术水平来看，那并不算什么，但在当时来看却是一个壮举。根据马丁在 4 月份的《世纪杂志》上的一篇评论来看，直到我的实验室在 1895 年被大火烧毁之前，我都一直在平稳地进步。这个巨大的灾难在很多方面阻碍了我的发展，使我在当年的大部分时间里都忙碌于筹划和重建实验室。只要环境允许，我就重新投入到工作中去。

尽管我知道通过大型的设备就可以获得较大的电驱动

特斯拉线圈发出的光

力，但是我本能地感觉到，恰当地设计一个相对较小而紧凑的变压器就可以实现这个目标。正如我在专利文件中阐释的一样，在随后开展的以平面螺旋的形式进行的从属试验中，我惊奇地发现，试验过程中竟然没有产生电流，不久我便发现这是由于线圈的匝数、位置以及它们的相互作用引起的。通过这次观察，我又开始使用一条带粗线圈的高压导线，那些线圈的间距足够大，以便控制电量的分布，同时还可以防止电荷在任何一点积聚过多。应用这一原理，我能够得到高达四百万伏特的电压。这是我在坐落于休斯敦大街的新实验室中所能得到的电压极限，其放电距离超过了十六英尺。这种发射机的照片登在 1898 年 11 月的《电气评论》上。

为了能够对这一课题作进一步的研究，我不得不搬到开阔地去，于是在 1899 年春天，在安装天线设备的准备工作完成之后，我来到科罗拉多州住了一年多。在这里我对放大发射机作了很多改进，使它可以产生我想要得到的任意大小的电流。对此感兴趣的人可以在我撰写的一篇题为“提高人类的能源问题”的文章中找到与那一试验有关的信息，那篇文章发表在 1900 年 6 月刊的《世纪杂志》上。

《电气实验者》杂志曾要求我详细地阐释一下这一课

题，以便年轻的读者朋友们能够清楚地理解我的“放大发射机”的构造和运作方式，以及发明这一机器的目的。首先，这个共振变压器有一个附属变压器，这个附属变压器的线圈具有相当大的面积，能承担很高的电压，被安装在一个半径很大的完美的曲面内部。线圈之间的间距合理，这样就保证了表面电荷分布平均，即使导线表面是赤裸的也不会导致漏电。它适用于各种频率电压，从几赫兹到几千赫兹都能实现，可以用来产生巨大的电流和适合的电压，还可以产生较小的电流强度和巨大的电动势。最大的电流取决于电子所在表面的弯曲度以及其面积的大小。

从我过去的经历来看，一亿伏特的电压是完全有可能得到的。另一方面，几千安培的电流也可以在天线中获得。只需要一个中等规模的变电装置就可以实现上述要求。理论上说直径小于九十英尺的终端就足以产生那种巨大的电力，不过对于通过天线发射的大小为两千至四千安培的常规电流来说，直径不超过三十英尺的终端就能满足条件。

在一定意义上说，这种天线发射机的电磁波辐射与整体相比是可以忽略的。在这种情况下，阻尼系数极小，巨大的电力被储存在加大型的电容中。这种电路可以被任意大小的电流激发，即便是频率很低的电流都可以，而且像交流发电机一样它也能产生正弦曲线般的持续振荡。

通过合理的设计，它就能让无线传输更高效。于是，距离的限制被完全消除了，在传输过程中脉冲的强度也就不会减小了。根据一条特定的数学定理，它甚至可以使脉冲随着距离的增加而变大。

这个发明是构成我众多组成无线传输“世界系统”的部分之一，1900 年我一回到纽约就着手把这一系统推向

特斯拉线圈制造的闪电

市场。至于我的企业即期将要达到的目标，在当时我都已在一则技术声明中明确地阐述了，现摘录如下：

> “世界系统”是发明者在长期不懈地研究和实验的过程中，把他的多项个人发现整合起来得出的成果。这一发明不仅可以使符号、信息或其他文字瞬间准确地传送到世界各地，而且可以使现有的电报、电话以及其他信号站的内部连接成为可能，这一切都是在不改变现有设备的前提下完成的。这意味着，比如一位电话用户可以与世界各地的用户交谈。比手表还小的、价格也很低的电话机能让他不论是在陆地上还是海洋上都能听到对方讲话，听到在别处演奏的音乐，不论距离有多么遥远。这些例子仅仅是描述巨大科学进步的可能性。这些技术不仅可以消弭距离，而且可以使优质的自然导体——地球——实现人类的各种目的。而这一切——人类的聪明才智——需要通过导线来完成。一个意义深远的结果是，任何可以与线路连接的设备都可以得到控制，无须人工指挥，而且具有高度的灵巧性、准确性。距离没有极限，除非受到地球物理直径的限制。这种理想的传输方式不仅可以开发出新的商业市场，同时对过去的领域也是一

种延伸。

“世界系统”是基于以下的重要发明和发现成果的应用：

1. 特斯拉变压器。这个仪器在电流变压方面取得了革命性的成就，就像火药在战争中的作用一样。电流比通过其他方式产生的更大，其溅出的火花足有一百英尺长，这些都是由特斯拉变压器产生的。

2. 放大发射机。这是特斯拉最好的发明。这个特殊的发射机特别适用于刺激地球，它对电能的传输作用就像望远镜对天文观测的作用一样巨大。通过使用这个伟大的仪器，产生的电流比雷击强度都大，这束电流足以点亮世界上两百多个白炽灯。

3. 特斯拉无线系统。这个系统融合了许多发明的成果。这是唯一一种能够把电能传输到其他地方，却不使用实体电线的方式。发明者曾于科罗拉多建立一个实验站，通过他的准确测试和计算，这个仪器可以传输任何需要的电能。如果有必要的话可以贯穿地球，同时损耗的能量可以忽略不计。

4. 个人信息系统。特斯拉的这项发明的最初愿望是调整传输语言，令他人不能理解其中的内容。这使传输的信号和信息完全处于秘密排外的状态，无论是发送方还是接收方。这意味着信息的传播不受干扰。每个信号就像个人身份一样明白无误，并且站点或仪器的数量不受限制，能够持续工作不受相互间的干扰。

5. 陆地驻波。通俗地解释这一伟大发现就是地球对特定强度的电振荡有一定反应，就像音叉对某些声音的波动有反应的原理一样。这些特别的电振荡能够有力地刺激地球，使它们自身不论是在商业方面还是其他方面的用途都有很好的前景。

九个月后，第一个“世界系统”电厂就可以投入使用了。有了它，可供使用的电力达到了千万马力。“世界系统”可以取得更多的技术成就，却只需要较少的资金投入，以下可能会提到一些：

1. 全世界范围内现存的电报交换机或电报局各地办事处之间的联系。

2. 建立一个秘密的、外部无法侵入的政府电报服务系统。

3. 当前全球范围内的电话交换机或电话局各地办

事处之间的联系。

4. 通讯社通过电报、电视向全球发布大众消息。

5. 建立私人专用的智能传输系统，即“世界系统”。

6. 世界股价行情指示器的相互联络和运作。

7. 建立一个传送音乐的世界体系。

8. 用钟表来准确记录时间，其准确性可以与天文运算相媲美，人们不再需要过多地关注时间问题。

9. 印刷或手写的符号、字母、支票等可以全球传送。

10. 建立海上国际服务系统，使所有船只的领航员都可以熟练操作船只（无须借助罗盘），确定正确的方位、时间和速度，而且可以避免碰撞等其他灾难。

11. 陆海全球印刷系统的创建。

12. 对全球的照片、图画或文字记录进行复制再现。

我也打算小规模地展示电能的无线传输，不过这已经展现出足够的说服力了。除此之外，我的其他发现的重要应用将在以后公布。

“世界系统”的电厂建立在长岛，有一座一百八十七英尺高的塔。它上面有一个直径约六十八英尺的球体。事实上，这一尺寸足以传输任何大小的能量。它最初只能提

特斯拉雕塑（局部）

供二百千瓦至三百千瓦的能量，但我打算再加几千马力。这个传输器可以发出一种复杂的具有特性的波，而且我已经发明出一种独一无二的方法，可以通过电话控制能源传输。

这个塔已于两年前被破坏，但是我的项目还在进行，还将会建立另一座性能更好的塔。在这种情况下，我要驳斥一种“广为流传”的报道，即政府由于战争的原因破坏了这一设施。这个报道可能已经使一些人对我产生了一种歧视，而他们不了解三十年前美国政府授予我为美国荣誉公民的证书还完好无损地保存着，我的勋章、文凭、金牌等其他荣誉已被我封存在旧木箱里。如果这一报道有一个基金会，我会得到一大笔资金用来建设新塔。而事实正好相反，保存那个旧塔台对政府有好处——只提一个有益的作用——它可以使潜艇出现在世界上的任何一个地方。我的工厂正在进行的服务和改进工作已由官方接管。自从欧洲战争爆发以后，我一直致力于航空导航、船舶动力装置和无线传输的发明，这对国家至关重要。那些见多识广的人能够了解我的发明已经给美国工业带来的巨大变化，而我却没有意识到。从这一方面来看，我是一个幸运的发明者（尤其是从发明物能在战争中使用这一方面来看）。在整个世界处于极度混乱之时详述我的个人问题是不妥的，所以我尽量避免就这一主题公开表达我的观点。

考虑到关于我的众多流言，我还要说的是，皮尔庞特·摩根先生吸引我的不是他的经商方式，而是他帮助其他先驱者的精神。他总是严格履行他的诺言，让人无可挑剔。他很尊重我的目标和成就，并且他相信我能够通过自己的能力实现最终的目标。我不想给予阻挠我计划的那些心胸狭窄、喜爱嫉妒的小人以丝毫的满足感。对于我来说，他们只是令人生厌的而且能使人患疾的病菌。我的发明设计总会被自然法则所拖累。这个世界并没有准备好去接纳它、理解它，因为它太超前了。然而最终，那些法则会成就我的设计，我也会从中获得巨大的成功。

第六章

遥控力学的艺术

与整个文明的利益平衡相比，仅仅出于利用的思考不值一提。我们正面对着许多潜在的问题，但这些问题并不能通过目前已有的物质解决，尽管现在的物质已经十分丰富。

——[美] 尼古拉 · 特斯拉

在研究别的课题时，我从未像研究以放大发射机为基础的系统一样集中精力，这使我大脑里最发达的神经紧绷到了一种危险的程度。我把年轻时所有的精力与热情都用在了我的发明上，就是希望自己能在这一领域取得进步。但是我早期的劳动并未奏效，尽管我费尽心力，却并未得到我想要拥有的辨别能力，以解决那些令人迷惑不解的无线电问题。在那段时间里，由于我毫不顾忌身体有限的忍耐力，使用过度的大脑开始罢工，让我彻底崩溃了。而那时这项漫长而艰辛的工作正值胜利在望之时。

毫无疑问，随后我将为此付出巨大的代价，连我的职业生涯也极有可能就此提前终止。我并没有先见之明，没

特斯拉线圈发出的光

有为自己装备上几年前便开始改进的安全仪器，这仪器在我精力耗尽之前会成功启动，只要它开始运行，我就会转危为安，而由过度劳累引发的危机同样也威胁着其他发明家。顺便说一下，我并不需要大多数人所期待的假期。当我筋疲力尽时，便会像那些黑人一样“自然地睡去，让那些白人笨蛋瞎担心去吧”。当我开始尝试接触超出自己领域的理论时，身体会以固定的量一点儿一点儿地累积到中毒的状态并将整个人都变得无精打采，甚至昏睡过去。醒来时却有一种感觉，刚刚发生的事情好像发生在很久以前。当我试图继续接上先前被中断的思路时，我发觉自己在精神上很痛苦。不由自主地，我将注意力转向其他工作并十分惊讶此时的我思维是多么地清晰，身心是多么地放松。借此我克服了曾经困扰我的抽象问题。大约几周或几个月后，我暂时失去的对发明的激情又回来了，并且毫不费力地解决了所有的棘手问题。

在这一部分我将诉说一段不平常的经历，心理学的研究者或许会对此感兴趣。我曾用接地发射机运造了令人震撼的现象，并且努力搞清楚了这一现象与电流通过土壤传播之间的正确联系。在大约一年多的时间里，我不断地研究这一看似毫无希望完成的任务，但都以失败而告终。最终，在我精神即将崩溃的时候，自我保护的本能致使我陷入长时间的沉睡。重新获得意识后，我惊讶地发现除了一开始便存在于意识中的幼年时期的生活场景之外，我竟然忘记了其他的一切事情。令人不解的是，展现在我眼前的场景都有着惊人的不同，却让我十分安心。日子一天一天过去，我即将退休，并时常想起这些场景，然后越来越多过去的生活画面显现出来。我母亲的形象在逐渐展开的场景中总是十分清晰。一种强烈的想要重新见到她的欲望逐渐控制了我。这种感情很强烈，我甚至决定要放下工作来满足这个愿望。但是我发现离开实验室是十分困难的。几个月后，我便成功恢复了记忆，尽管只是恢复到 1892 年以前。接下来从记忆的薄雾中走出来的是这样的画面：在巴黎的和平酒店，一个邮递员把一张通知书递给了我，我看到通知书上面写着母亲去世的消息。你可以想象当这一幕出现在我脑海中时我是多么地悲恸伤心。我记得自己是如何长途跋涉、一刻也不休息地赶回家的，记得母亲是怎样在忍受了几周的痛苦煎熬后离开了人世。但是值得注意的是，在整个失忆期间，我却能十分清楚地记得有关课题研究的一切，我可以回忆起最小的细节和最细微的实验观察迹象，甚至可以背诵报告书的页码和复杂的数学公式。

我的信念十分坚定，因为我坚信这样的道理：付出必将有回报。得到的补偿与付出的劳动、作出的牺牲是成正比的。我确信我所有的发明，尤其是放大发射机，对于后人而言将有十分重要的价值。我之所以作出这样的预言并不仅仅是因为它必将带来的商业利益和工业革命，更是因为它将带来更多的人道主义成就。与整个文明的利益平衡相比，仅仅出于利用的思考不值一提。我们正面对着许多潜在的问题，但这些问题并不能通过目前已有的物质解决，尽管现在的物质已经十分丰富。相反，在这个方向发展的进程中也充满了危机，并不比其他由欲望和苦难带来的威胁小。如果我们可以在世界的任意地点完成释放原子能量或者发现其他廉价不受限制的能量，以取代那些或许会给人类带来灾难的能量，这些灾难或许会引发分歧、无政府状态并最终导致令人厌恶的暴力政权的登台。科技进步给人类带来的最大益处应是统一与和谐。我的发射机更是为此而生。它的出现意味着人类的声音、肖像将会在任何一个地方重现；工厂通过几千千米外的瀑布产生能量运转；发射的航空器将会不停地绕地飞行；可以把太阳的能量转换成动能，用于填造湖泊、河流并将干旱的沙漠变成肥沃的田地。它在电报、电话以及类似产品的应用中将会自动隔绝静电，消除目前限制无线应用的其他阻碍。

上面那段文字中我相信我的遣词用句十分精确。在过去的几十年里，许多人傲慢地宣称他们成功跨越了这一障碍。我仔细地检验了所有已被描述的方法并在它们尚未公之于众之前便已将其中大部分实验过。但是结果仍是令人一如既往地失望。一份最近由美国海军提供的官方声明或许可以教会那些一向喜欢欺骗公众的编辑如何评价那些公告的真实价值。这些尝试都一贯地建立在完全错误的理论之上，当它们走进我的视线时我一点儿都不能放松思考。最近又有一个新的发现，它出现前便声势浩大，却不过是另外一个“大森林中走出小老鼠”的例子。

这让我想起了很多年前发生的一件比较有趣的事情。那时我正在用高频电流做实验。史蒂夫·布罗迪（史蒂夫·布罗迪：一个声称自己跳下布鲁克林大桥后幸存下来的人，他的事情被媒体炒得家喻户晓）刚刚从布鲁克林大桥跳下去。在第一封电邮到达纽约时，他跳桥的技术因被模仿使用而变得众所周知。我那时对史蒂夫·布罗迪印象深刻，并时常提起这个勇敢的印刷工。在一个炎热的午后，我觉得有必要放松一下，并漫步至纽约一所很受欢迎的研究机构。那里供应一种美味的饮料，但是现在只能在最贫穷、毁坏最严重的欧洲国家中才能找到。里面有很多人，拥挤不堪。在与别人讨论问题时，我不小心地说：“这是我跳下桥时说的话。”话一出口，我顿时觉得自己就像席勒诗中所写的提摩太的伙伴。场中立刻产生了极大的混乱，很多声音尖叫着：“是布罗迪！”我躲在柜台的一个角落插上了门。但是一群人跟在我后面大喊：“停下，布罗迪！”我一定是被误会了，因为许多人正试图将我抬起来。我快速躲闪着并寻找庇护所。幸运的是在狂奔中我转过一个角落并成功地通过中间

托马斯·爱迪生与早期照相机

的安全通道到达了实验室。我脱下外套，假装自己正在努力做实验。这些预防措施很有作用，我成功地甩开了那些跟随者。很多年以后的一个夜里，我倒在床上，开始想象那天遇到的麻烦。如果我被那些人抓住，并认出我并不是史蒂夫·布罗迪时，我的命运将会如何呢？

最近有个工程师在一个技术机构宣称有一个新颖的补救方法可以消除静电，且是以“迄今未知的自然规律”为依据。他似乎跟我一样对自己的言论毫不在乎，但他声称发射机在以土壤为媒介传播时，干扰也会随发射机传播。这就意味着一个电容器，像整个地球一样，有着气态的外壳，可以以一种方式补充、释放能量，而这种方式却完全与每一本物理教科书所主张的基本教义相悖。这样的假设即便在富兰克林时代也会被斥为歪理邪说，因为支持此学说的事实在那个时代便已被广泛接受，大气电力及其可被机器开发利用这一确定性早已充分建立。很明显，自然和人为的干扰都可以以同样的方式在空气、土地中传播，都以水平或垂直的方式产生电动势。目前为止所有的方案都无法消除干扰。事实是这样的：海拔每升高一英尺，空气中潜在的电动势大约增加五十伏特，可能在天线的顶端与尾端间产生高达二十万伏特甚至四十万伏特的电压差。许多带电的气团总是在不断的运动中不时地给电容器充电，产生的刺耳的声音可以被敏感的电话信号接收器接收到。电线越高，大气对电线的压力越大，发出的声音也就越大，但是一定要明白这与真正的麻烦相比差距甚远。

1900年，我在完善无线系统时，一种设备需四架天线组成。天线都被仔细地校正到同一频率并与可以放大接收到的来自任何方向的移动设备并联。当我想要弄清楚发射信号的来源时，每个对角都放置着第一线圈线路已被充上电的探测器，并组成一个系列。在第一个例子中，声音在电话机里很响，而在后者，则不出意料地消失了。两根电线相互影响失去作用，但事实上，电线上仍有静电存在。所以我不得不按照另外的原则设计出特殊的消除静电的方法。

像我多年前说的那样，在两点之间设一个接收器是无效的，因为导致这一切的根源是带电气体的存在。他在我们现在建造的结构中起着重要作用。除此之外，各种干扰的作用也会因为回路的方向性而减半。这一实验可以完美地自我证明，也表明了那些头脑简单的笨蛋研究无线电的经验仅局限于设备的形式。或许给他们一把斧子更能让他们进步，因为他们在杀死熊之前便计划着剥下熊的皮。如果确定是空气中的电荷引起这一现象的，那么只要隔绝空气便能轻易解决问题。按照这一说法，深埋地下的电线应该不受任何干扰，但实际上却比垂直外置于空气中更易受到外来刺激的影响。公平地讲，我们也取得了一点儿进步，但并不是通过什么特殊的方法或者设备来实现的，仅仅抛开粗重的既不适合传送信息也不适合接受信息的设备，而采用了一些更为合适的接收器。就像我在前一章中所说的那样，为了克服困难，系统必须进行彻底的改变，而且越快越好。

事实上，遥控力学处在初级阶段，大部分人，甚至不排除专家们，都无法确定最终的结果。这个方案会通过立法使它变成政府专权。而这将是灾难性的。这是几周前丹尼尔部长提出的观点。无疑，那些特殊机构的官员将以一种严肃的态度将他的呼吁提交给参议院和众议院。但是事实说明，最好的成效往往来自健康的商业竞争，当然也有其他理由证明为何无线电需要完全自由的发展空间。首先，与人类历史上的其他发明相比，它有着更加不可估量的美好前景，它会使人们的生活更加舒适。其次，必须指出的是，这项伟大的技术已取得了十足的发展并需要美国政府给予比电话、白炽灯、飞机更多的支持。有事业心的印刷部门和股票经销商成功地传播了错误的信息，导致像《科技美国人》这样严肃的期刊也将技术的主要功劳归功于国外。当然，德国发现了电波频率。俄国、英国、法国、意大利专家很快将之运用到信号发送方面。这个很明显的新技术的应用成功消除了那些旧的毫无改进的、比其他同种类的日光反射都要多的感应线圈。发射机的半径十分有限，而且收到的效果也并无多大价值。我曾在 1891 年提出作为传递信号的一种方法的赫兹震荡，可以由声波很好地替代。而且，在目前广泛应用的无线系统原则基础上的所有尝试都只进行了一半，而在美国有力的手段已被清晰地描述并开始发展。今天找不到任何赫兹设备的踪迹。而我们正向相反的方向研究，所有的成果都是通过本国人民的努力取得的。基本原理的专利已经到期，并向所有人开放。部长最主要的观点是建立在干扰理论基础上的，根据他的言论，《纽约先驱报》刊登了一则报告，说强力发电站发出的信号可在世界各地被拦截，我在 1900 年的实验可以证明这一点，所以美国强加的限制并没有任何作用。

为了证明这一观点，我可以说一下另外一件事。最近有个长相奇怪的绅士拜访了我，他想要在一个遥远的地方建造一个世界性的发射机并希望得到我的帮助。“我们没有钱，”他说，“只有一车金子，我会给你应得的数量。”我告诉他我希望能先在美国完成我的实验，并结束了这次会面。但我很满意某些看不见的力量已经开始起作用。随着时间的流逝，连续通讯系统维护方面将会遭遇更大的困难。唯一的解决办法便是有一个不受干扰的系统。这一系统已经存在并在不断完善，所需要的只是投入运行。

激烈的冲突仍在头脑中占据重要的地位。最为重要的应是将放大发射机作为进攻、防守的机器，尤其是与控制力学联系起来。这项发明事实上是从我儿时开始并持续一生的逻辑观察的结果。我在第一次发表的研究成果《电气科学回顾》中曾称之为“人类文明发展历程中最有力的因素之一”。实现这一预测的时间并不会很长。在 1898 年和 1900 年我将这一结论递交给政府，如果我是善于阿谀拍马并从中获利的人的话，或许它早已被政府采纳。那时我真的以为可以利用放大发射机来消除战争，因为它具有不可控制的破坏性并与由个人因素引起的战争相排斥。但是我在还未对它的未来失去信心时，就已改变了观点。

战争不可避免，除非再次发生战争的物理因素已被彻底移除；可它却是我们生活的星球上蕴涵最多的物质。但是通过消除各个方面的距离，世界人民友好相处的一天终将到来，就像传送各方情报、运输乘客和物资、传递传输能量一样。我们现在最想要的是全球范围的个人与个人、团体与团体之间更近地接触、更好地理解，一旦没有了这种崇高的理想，世界将变得野蛮、原始、充满冲突。没有任何联盟或议会的行为能够阻止这一灾难。这些新的装备投入使用之后将使弱者任由强者摆布。我在十四年前便表达了这一观点，当时几个联合起来的主要政府——神圣同盟（神圣同盟：1815 年 9 月，在沙皇亚历山大一世的倡议下，奥地利、沙皇俄国和普鲁士三国的君主——奥地利皇帝弗朗西斯一世、沙皇亚历山大一世和普鲁士国王腓特烈·威廉三世——打败拿破仑后缔结的同盟，目的是维护君主政体，反对法国大革命在欧洲所传播的革命理想）——由已故的安德鲁·卡内基（安德鲁·卡内基［Andrew Carnegie，1835—1919］：美国“钢铁大王”，与“汽车大王”福特、“石油大王”洛克菲勒等大财阀齐名）倡导，在总统作出努力之前便已经给了它更多的公众注目和动力。但是仍不可否认，它不能达到既定的目标。和平只能作为一种广泛认知和种族融合的自然结果，我们远远没有实现这个幸福的希望。

当今世界在我看来，我们既目睹了巨大的挣扎也看到了希望之光。我们确信如果美国传承过去的美德，保持不被卷入“纠缠不清的联盟”状态，人们的利益就会得到最好的保护。正如它所处的地理位置：远离即将发生冲突的战场，没有领土扩张的诱惑，拥有取之不尽、用之不竭的资源，这个国家处在特殊的位置，有着特权。因此它能够独立发挥它巨大的力量和道德感召力，比联盟成员更加明智有效地惠及所有人。

我在一篇由《电气实验者》发表的传记中，介绍了自己早期的生活环境并且告诉了大家一个令我自己不断想起并不断审视自我的痛苦经历。这一思维活动，起初是在疾病和煎熬中不自觉地产生的，现在它已经逐步演变成为我的第二本性并让我最终认识到我只是一个没有自由思想和行动的机器人，我要做的仅仅是去顺应环境。我们的身体构造是如此复杂，我们的行动是如此之多，外部印象对我们的感官影响如此之大，以至于我们普通人很难认识到这个事实。但是到目前为止没有什么比三百年前笛卡尔提出的机械学的理论更能够让经验丰富的研究者信服。但是在他那个时代，我们对生物体的许多重要功能是未知的，尤其是在光的本质以及人眼的构造和运作机理上，哲学家也是全然无知的。

近些年来，这些领域的科学研究进程一直如此，以至于许多已出版发行的作品对这一观点一点儿都不怀疑。能够代表这一观点的最有才能、口才最好的人或许就是巴斯德（路易·巴斯德［Louis Pasteur，1822—1895］：法国微生物学家、化学家，微生物学的奠基人之一。他以否定自然发生说［自生说］并倡导疾病细菌学说［胚种学说］和发明预防接种方法而闻名，被世人称颂为“进入科学王国的最完美无缺的人”）的前任助手菲利克斯·乐·丹特克。雅克·洛布（雅克·洛布［Jacques Loeb，1859—1924］：出生于德国的美国动物学家和心理学家）教授已经在向日性方面做了惹人注目的实验，在他最新出版的一本书中，“被迫移动”的观点是具有启示性的。但是当信仰科

特斯拉母校的logo

学的人接受这个理论仅仅像接受以往那些已经被人们接受的理论一样时，对于我来说，这却是一个我每时每刻都在用我的行为和思想来证明的事实。对外部印象的感知刺激着我生理上的或者精神上的每一种活动，这一感知不断地出现在我的脑海中。在极少数情况下，即当我处于一种特别专注的状态时，我才发现要探明那种最初的冲动是有难度的。

最近这些年来，越来越多的人意识不到在他们周围以及他们内心正发生着什么，数百万人遭受疾病困扰并因此而过早死去。日常生活中发生的最普遍的事在他们看来也是神秘的、不可解释的。当他看到云彩遮挡了太阳的光束时，或许会突然感到一丝莫名的惆怅，然后绞尽脑汁想要找到一个合理的解释。当他刚在街角遇见他的一个朋友或刚在其他地方看到那位朋友的照片时，在这种他自认为很特殊的情况下，他或许会真真切切地看到朋友的影像。

有缺陷的观察仅仅是一种无知的形式，并且会导致许多病态观念和愚蠢思想的盛行。每十个人中最多只有一个人不相信心灵感应、唯灵论和其他心理现象。

举个例子来说明一下这一趋势已在人们的思想中是何等的根深蒂固，它甚至都已扎根到那些头脑清醒的美国人

匈牙利通信先驱普什卡什之墓

的思想中去了。我可以举一个很好笑的事例。在战争前不久，我的涡轮机在这个城市展出后，引起了人们的广泛评论，我猜想制造商们一定会急于获得这一发明的独家使用权，并且我对那个来自底特律的具有超级计算能力的人抱有特殊的企图。我非常自信，因此对秘书和助手宣称：他一定有回来找我的一天。果然，一个晴朗的上午，来自福特汽车公司的一伙人提出要与我讨论一项重要的工程。“我难道没有告诉你？”我得意洋洋地向我的雇员说，他们中的一个说道：“特斯拉先生，你太有才了，一切都像你预想的那样发生了。”当然，这些头脑冷静的人一落座，我就立马开始夸赞我的涡轮机所拥有的特性，可是那帮人

装着特斯拉骨灰的骨灰瓮

打断了我，跟我说，“这些我们都知道，但是我们是来办一件特殊的差事。为了进行心理现象的研究，我们已经成立了一个心理学会，并且希望你们能够加入到这项事业中来。”我想那些工程师肯定不知道我当时是多么想把他们从我的办公室里赶出去。

那时一些英名长存于世的科学泰斗们告诉我，我有一个不同寻常的大脑。从那时起，我便将全部的思维能力不顾一切地倾注到解决大难题上。多年来我致力于解决死亡的谜团，并且热切地关注每种精神迹象。但是在我的生命历程中，我仅有一次感觉到自己仿佛遇到了超自然现象，那便是我母亲即将去世的时候。我因悲痛和长期失眠而疲惫不堪，然后一天晚上我被带到离我家大约两条街区远的建筑物中。当我无助地躺在那儿时，我想如果母亲死时我不在她身旁，她肯定会给我一个指示。两三个月之前，我和我已故的朋友威廉·克鲁克斯爵士一起待在伦敦，那时候人们在讨论唯灵论，我受到了这些思想的影响。我认为探索超自然的条件是很成熟的，因为我母亲是一个天赋很高的女人，而且她的直觉能力尤其突出。那一整夜，我大脑的每根神经都因期待出现超自然的现象而绷得很紧，可是一整夜什么也没有发生。直到第二天一早，当我终于睡着或者说是晕倒时，我看到一朵云彩带着好几个像天使一样美丽的人，其中一个深情地注视着我，渐渐地那个人就幻化成我母亲的模样。她慢慢地从房间里飘走，继而消失了，然后我被好几个人共同演唱的甜蜜歌声弄醒了。那一刻我确信我的母亲刚刚死去。这件事不是虚构的。我无法理解我为什么能提前预知这件痛苦的事，这让我感到很沉重。尽管我还在受这一感觉的控制而且我的身体状况很差，我还是给威廉·克鲁克斯先生写了一封信。在我渐渐恢复过来之后，我花了很长时间去寻找这种奇怪现象的外部原因，令我欣慰的是，经过几个月毫无结果的寻找后，我终于找到了。我看过一位知名艺术家的一幅画，它寓意着一个季节。它的外形就像一片在天空中飘浮的云彩，上面还有一群天使。这让我很是震惊。它除了没有我母亲的样子外，其他画面跟我梦到的一模一样。在复活节早上从附近教堂传来的音乐圆满地说明了这一切与科学事实相符。

这件事发生在很久以前，从那时起我从未找到些许的理由来改变我对心理和精神现象的观点，因为这些现象根本没有基础。对这些东西的信仰是智力发展的自然结果。人们不再接受宗教教条的正统意义，但是每个人都愿意信仰某种至高无上的力量。我们每个人都有一个完美境界的标准来衡量我们的行为以确保我们能得到满足感，但是不论它是信仰上的、艺术上的、科学上的或是其他方面的都无关紧要。为使人类作为一个整体平静地生存下去，一个占优势地位的共同思想是必不可少的。

虽然我没有得到任何论据来支持心理学家和唯灵论者的论点，但我却非常满意地证明了生命是无意识的行动，这不仅是通过对个人行为的不断观察得出的结论，更是通过对某种普遍现象的确定性概括得出的结论。这相当于一个新发现，我认为这是人类社会最了不起的时刻，并且我会对它加以简短的阐述。第一次得到这个令人震惊的真理时我还很年轻，但是多年来我一直简单地将这一发现解释为巧合。也就是说，每当我自己或是我所依赖的人，或是我所献身其中的事业被其他人以特定的、人们能够想象到的最不公平的方式对待时，我就会感到一种奇特的难以形容的痛苦。因为缺少一个更好的术语来定义这种痛苦，因此我把它定义为“无穷无尽的痛苦”。之后不久，那些受其折磨的人总是感到很痛苦。在经历了这么多的事情之后，我把这些事告诉了很多朋友，他们有可能相信我一点儿一点儿总结出来的理论是正确的，这个理论可以用以下几句话来阐述：

我们身体的构造是相似的，而且暴露在相同的外界环境中。这影响了反应的相似性和一般活动的和谐性。而这些一般活动又是我们社交和其他方面的所有规则和法律的基础。我们是机械行动的人，完全受制于中间物的力量，像被投掷的软木塞一样漂浮在水面上，但是我们又错把外界冲动的结果误认为是自由意志。我们所参加的运动及所

世界上第一个变压器

采取的行动就是生活的防腐剂，尽管看似相互独立，但实际上我们又被无形的纽带联系在一起。只要有机体有条不紊地工作，它就会精确地对刺激作出反应，但是无论任何人，一旦他的神经错乱了，他的自我保护能力就会减弱。当然每个人都明白，如果一个人变聋、视力下降或是肢体残损，那么他继续生存的几率就会降低。如果一个人非常敏感，观察力敏锐，有着完好无缺的成熟的机理，而且能够对变化的环境作出精确的调整，那么这个人天生就有一种使他做事不呆板的感官功能，并且有能力规避那些过于微妙而不能直接感知的危难。当他与那些控制器官完全损坏的人接触时，那一感官功能就会起作用，然后他就会感觉到巨大的痛苦。这种观点的真实性已被上千实例证明，我也邀请其他自然科学的研究者关注这一课题，相信通过系统化的联合努力，就会在世界上创造无限的价值。

我很早之前就想制造一个机器人来证明我的理论，但是直到 1893 年我才开始实质性的工作，开始对无线电通讯进行研究。在随后的两三年中，我发明了很多遥控的自动机械装置，并在我的实验室里把它们展示给游客们看。1896 年，我设计了一个完整的机器人，它能做出很多动作，但是一直拖延到 1897 年底我才把它制造出来。我在

1900 年 6 月发表于《世纪杂志》的文章和其他一些期刊中对这一机器人进行了说明和描述。1898 年初我刚把它展示出来，就产生了轰动效应，而我的其他发明都没有产生过这种轰动。1898 年 11 月，直到总审官来到纽约亲眼目睹了我的实验后，我才被授予这一新奇艺术的专利权，因为我宣称的东西看上去是难以置信的。我记得随后我拜访了华盛顿的一位官员，想把这一发明献给政府，他在听完我发明的东西是什么后，大笑了起来。那时候还没有人认为发明出那样的装置有丝毫的可能性。不幸的是，按照我律师的建议，我得把机器人简要地描述为一个由单一的电路和一个常见的探测器构成的操作装置，因为我还没有获得这一技术和设备的专利保护。事实上，我的遥控船是在几种电路的联合作用下进行控制的，而且每种干扰都被排除掉了。大多数情况下，我会把接收电路弄成环形，安上冷凝器，因为高压放电发射器会让大厅里的空气发生电离作用，以至于很小的天线都可以从周围空气中连续接收电力好几个小时。为了让读者了解这一情况，我举个例子，我发现一个直径为十二毫米的不怎么发亮的灯泡，它上面只有一个接线头与一截很短的金属线相连，在实验室里的所有带电空气都被中和之前，这个灯泡能够持续地发出差不多一千次闪光。这个环形接收器对干扰并不敏感，然而令人奇怪的是，最近它却流行了起来。实际上它所收集的能量远比天线和接地电线少得多，但碰巧的是它解决了目前无线装置存在的许多固有缺陷。在观众面前展示我的发明时，我请求游客们问一些任何与之有关的问题，机器人就会用信号来回答他们。这在当时的人们看来是很神奇的，其实非常简单，因为那是我利用这一装置给出的相应回答。

在同一时期，我制造出了另一艘更大的遥控船。它的照片已经在《电气实验者》杂志上登出。它由环形线圈控制，在船体内拥有几个具有防水和潜水功能的转弯装置。

乔治·西屋之墓

这艘遥控船除了具有一些特殊的功能外，大部分装置均与第一艘船里用到的装置类似。这艘船上有一盏白炽灯，它能为这一机器的特有功能提供看得见的证据。

然而，这些在可视范围内可控的机器人是在我构想出来的远距离控制技术的发展道路上迈出的第一步也是最笨拙的一步。按照逻辑，接下来的改进应该是在可视范围之外或者离控制中心更远的地方遥控机器人。而且从那时起我开始主张把它们当做战争武器使用，从而取代枪炮。现在看来人们似乎已经认识到了这一重要性，如果我从偶尔提到过我取得的那些虽被认为非同寻常但毫无新意的成就的报刊上判断的话，现在看来人们似乎已经认识到了这一重要性。用现有的无线电设备发射一架飞机，让它按照一条确定的路线飞行，并在数百英里之外完成一些操作，虽然这一过程可能不会很完美，但这是可行的。一台这样的机器也能用很多种方法进行机械控制，而且我坚信它会在战争中大有作为。但是据我所知当前没有哪个部门能完美地实现这一目标。我已经花费了好几年的时间来研究这一问题，而且改进了很多研究方法，努力使这样的构想或者更大的奇迹更易于实现。

就像在以前的一个例子里提到过的一样，当我还是个大学生的时候，我就构思出了一架跟当前这种大不相同的飞行器。基本原则是合理的，但不能被付诸实践，因为缺乏足够大的动作推动力。最近几年我已经成功地解决了这一难题，而且现在我正在设计一种不需要支持平台、不需要副翼也不需要推进器和其他外部附件的飞行器，它速度会很大，而且很有可能会引起一场激烈的争论，因为它对世界的和平构成了威胁。这样一台完全靠反作用力支撑和推动的机器既可以用机械方法控制，也可以用无线能源控制。通过安装合适的装置，向空中发射一颗这种类型的导弹或是把它投掷到数千英里之外的指定地点是行得通的。但是，我们不会仅仅停留在这一成就上。遥控机器最终会被生产出来，人们操作它就像运用自己的智慧一样得心应手，而且它们的到来会产生一次科技革命。早在 1898 年我就向一家大制造公司的代表们提出了制造遥控机器的建议，并且公开展示一辆自动推进的客车，这辆客车能够完成很多类似需要判断才能做出的动作。但是，那时我的建议被认为是荒诞不经的，因此那一建议没有被付诸实践。

当前，许多有能力的人正在试图想出一些权宜之计以避免一个极大的冲突重复发生，这一冲突只是在理论上结束了，而且对于它的持续时间和产生的主要问题我已经在发表于 1914 年 12 月 20 日《太阳报》上的一篇文章中准确地预测到了。在许多有能力的人看来，那个计划中的同盟不是一剂救命药，它可能是一剂效果相反的毒药。尤其让人遗憾的是，在制定和平条款时，一个惩罚性的政策被采纳了，因为几年后国与国之间很有可能不用肉搏、不用轮船或枪炮、不用更具杀伤力的武器就可以进行毁灭性的、破坏力无限的战斗。一座城市不论距离敌人多远都能被摧毁，而且没有任何一种力量能阻止敌人那么做。如果我们想要避免一场即将发生的灾难，避免让地球变成地狱般的场所，就应该立即动用整个国家的力量和资源推动飞行器和能量无线传输的发展。

附　录：

特斯拉生平大事年表

1856

【特斯拉】

7 月 10 日，出生于克罗地亚的小镇斯米连。

【欧洲】

最后一批英国军队撤离占领了七十四年之久的苏伊士运河区。

1866

【特斯拉】

在实科中学学习。

【欧洲】

俾斯麦兴兵占领荷尔斯泰因，普奥战争爆发。意大利旋即参战，加入普方。

罗伯特·怀特恩德研制成第一枚鱼雷。

1875-1878

【特斯拉】

在格拉茨理工学校学习。

【欧洲】

1875 年，希腊奥林匹亚遗址被大规模发掘。

1876 年，N. A. 奥托制成第一台四冲程汽油内燃机。

1880

【特斯拉】

在布拉格大学学习。

【欧洲】

德国科隆大教堂竣工。

居里兄弟研究晶体的对称性，发现晶体压电效应。

1882

【特斯拉】

作为电机工程师在匈牙利首都布达佩斯工作，发现了可逆磁场。

【欧洲】

英国生物学家、博物学家达尔文逝世。

1883

【特斯拉】

在斯特拉斯堡制造了第一个感应电机模型。

【欧洲】

马克思和俄国文学家屠格涅夫逝世。

【美国】

爱迪生首次发现热电发射现象。

1884

【特斯拉】

前往美国，开始在爱迪生实验室工作。

【欧洲】

英、法、比、德等十五国就非洲事务召开柏林会议，协调瓜分刚果河口的争执。

C. A. 帕森斯发明连续多级式汽轮机。

1887

【特斯拉】

离开爱迪生，成立了“特斯拉电气公司”，开始生产多相交流电机和发电机。

【欧洲】

俾斯麦发表反法演说，德、法关系恶化。

1888

【特斯拉】

5 月 16 日，在美国电气工程师协会上作了题为“交流电输送和交流电机系统”的报告。

【欧洲】

H. R. 赫兹用实验证实麦克斯韦的电磁波理论。

瓦尔代耶发现染色体。

1889

【特斯拉】

加入美国国籍，在科罗拉多州定居。

【欧洲】

“第二国际”在巴黎成立。

埃菲尔铁塔落成并开放。

1890

【特斯拉】

发现高频电可以点亮无电极真空管。

【欧洲】

英、法、比、德、奥、意、荷等国工人首次举行“国际劳动节”示威游行。

1891

【特斯拉】

作了题为“极高频率交流电实验及其在人造无线发光中的应用”的报告，发明了特斯拉线圈，解决了电力传输与配置的关键问题，大大提高了人类使用电力的能力。

【美国】

爱迪生和 W. 狄克逊发明电影视镜（放映机前身）。

1892

【特斯拉】

在英国皇家科学院作了题为“发光及其他高频现象”的报告，在电气工程师协会上作了“高压高频下的交流电实验”的报告，并在巴黎作了同样的报告。

【欧洲】

德国萨尔区煤矿工人大罢工。

1895

【特斯拉】

5 月 13 日，在纽约的实验室毁于火灾。

【欧洲】

德国物理学家伦琴发现 X 射线。

1896

【特斯拉】

设计、制造出了一个完整的机器人。

【欧洲】

奥地利实行选举改革，社会民主党代表首次进入议会。

【美国】

S. P. 兰利制成第一架不载人蒸汽动力飞行机。

1898

【特斯拉】

注册了无线控制技术的专利；在纽约中央公园的湖里进行了遥控自动化小艇的实验，取得了极大成功。

【欧洲】

奥匈帝国皇后伊丽莎白在日内瓦被无政府主义者刺杀。

居里夫妇发现放射性元素钋、镭，并发现钍有放射性。

1899

【特斯拉】

为尼亚加拉水电站设计制造发电机组；在科罗拉多州进行实验。

【欧洲】

英法间无线电通讯成功。

1900

【特斯拉】

发明了一个一百英尺的放电器；美国电气工程师学会选出二十五位世界最佳电气工程师，特斯拉名列第七。

【欧洲】

德鲁德提出有关金属电、热性质的自由电子理论。

医生麦克伦发现性染色体。

1901-1905

【特斯拉】

在纽约附近的长岛建造沃登克里弗塔，是一座复杂的电磁振荡器，特斯拉利用此塔实现了地球与电离层共振，后世认为此塔引发了 1908 年通古斯大爆炸。

【欧洲】

英国女王维多利亚逝世，代表着一个时代的结束。

1901 年 12 月 10 日，诺贝尔奖被首次颁发。

1903

【特斯拉】

正当特斯拉的工作进展到关键时刻，他的科研资金陷入严重紧缺状态，他只好放下手头的工作，四处借钱，拉赞助。

【美国】

莱特兄弟乘飞行者飞机完成了人类首次飞行。

1912

【特斯拉】

债主为索要欠款，将特斯拉告上法庭，特斯拉被判罚两万三千五百美元。工地的设备被法院没收以充抵押。

【欧洲】

无线电通讯在英国首次用于航空。

1917

【特斯拉】

获得爱迪生奖章。

【欧洲】

俄国爆发十月革命。

1917-1937

【特斯拉】

始终在贫困线上挣扎。为了偿还欠款，甚至把那枚金质爱迪生奖章充当抵押；性格变得孤僻起来，平日以收养病鸽为乐。

【欧洲】

1919 年，巴黎和会，第一次世界大战的二十七个参战国与会。

1919 年，共产国际（第三国际）在莫斯科成立。

1919 年，卢瑟福通过实验，首次实现人工核反应。

1943

【特斯拉】

1 月 7 日，在纽约宾馆逝世。

【欧洲】

罗斯福和丘吉尔签订了英美共同研制原子武器的秘密协定。